ENZYKLOPÄDIE DEUTSCHER GESCHICHTE BAND 54

ENZYKLOPÄDIE
DEUTSCHER
GESCHICHTE
BAND 54

HERAUSGEGEBEN VON
LOTHAR GALL

DIE ANGESTELLTEN SEIT DEM 19. JAHRHUNDERT

VON
GÜNTHER SCHULZ

R. OLDENBOURG VERLAG
MÜNCHEN 2000

Die Deutsche Bibliothek – CIP-Einheitsaufnahme

Enzyklopädie deutscher Geschichte / hrsg. von Lothar Gall in Verbindung mit Peter Blickle ... – München : Oldenbourg
ISBN 3-486-53691-5

Bd. 54. Schulz, Günther: Die Angestellten seit dem 19. Jahrhundert. – 2000

Schulz, Günther:
Die Angestellten seit dem 19. Jahrhundert / von Günther Schulz. – München : Oldenbourg, 2000
(Enzyklopädie deutscher Geschichte ; Bd. 54)
ISBN 3-486-55044-6
ISBN 3-486-55045-4

Rosenheimer Straße 145, D-81671 München
Internet: http://www.oldenbourg-verlag.de

Umschlaggestaltung: Dieter Vollendorf
Gedruckt auf säurefreiem, alterungsbeständigem Papier (chlorfrei gebleicht).
Gesamtherstellung: R. Oldenbourg Graphische Betriebe Druckerei GmbH, München

ISBN 3-486-55044-6 (brosch.)
ISBN 3-486-55045-4 (geb.)

Vorwort

Die „Enzyklopädie deutscher Geschichte“ soll für die Benutzer – Fachhistoriker, Studenten, Geschichtslehrer, Vertreter benachbarter Disziplinen und interessierte Laien – ein Arbeitsinstrument sein, mit dessen Hilfe sie sich rasch und zuverlässig über den gegenwärtigen Stand unserer Kenntnisse und der Forschung in den verschiedenen Bereichen der deutschen Geschichte informieren können.

Geschichte wird dabei in einem umfassenden Sinne verstanden: Der Geschichte in der Gesellschaft, der Wirtschaft, des Staates in seinen inneren und äußeren Verhältnissen wird ebenso ein großes Gewicht beigemessen wie der Geschichte der Religion und der Kirche, der Kultur, der Lebenswelten und der Mentalitäten.

Dieses umfassende Verständnis von Geschichte muß immer wieder Prozesse und Tendenzen einbeziehen, die säkularer Natur sind, nationale und einzelstaatliche Grenzen übergreifen. Ihm entspricht eine eher pragmatische Bestimmung des Begriffs „deutsche Geschichte“. Sie orientiert sich sehr bewußt an der jeweiligen zeitgenössischen Auffassung und Definition des Begriffs und sucht ihn von daher zugleich von programmatischen Rückprojektionen zu entlasten, die seine Verwendung in den letzten anderthalb Jahrhunderten immer wieder begleiteten. Was damit an Unschärfen und Problemen, vor allem hinsichtlich des diachronen Vergleichs, verbunden ist, steht in keinem Verhältnis zu den Schwierigkeiten, die sich bei dem Versuch einer zeitübergreifenden Festlegung ergäben, die stets nur mehr oder weniger willkürlicher Art sein könnte. Das heißt freilich nicht, daß der Begriff „deutsche Geschichte“ unreflektiert gebraucht werden kann. Eine der Aufgaben der einzelnen Bände ist es vielmehr, den Bereich der Darstellung auch geographisch jeweils genau zu bestimmen.

Das Gesamtwerk wird am Ende rund hundert Bände umfassen. Sie folgen alle einem gleichen Gliederungsschema und sind mit Blick auf die Konzeption der Reihe und die Bedürfnisse des Benutzers in ihrem Umfang jeweils streng begrenzt. Das zwingt vor allem im darstellenden Teil, der den heutigen Stand unserer Kenntnisse auf knappstem Raum zusammenfaßt – ihm schließen sich die Darlegung und Erörterung der Forschungssituation und eine entsprechend gegliederte Auswahlbibliographie an –, zu starker Konzentration und zur Beschränkung auf die zentralen Vorgänge und Entwicklungen. Besonderes Gewicht ist daneben, unter Betonung des systematischen Zusammenhangs, auf die Abstimmung der einzelnen Bände untereinander, in sachlicher Hinsicht, aber auch im Hinblick auf die übergreifenden Fragestellungen, gelegt worden. Aus dem Gesamtwerk lassen sich so auch immer einzelne, den jeweiligen Benutzer besonders interessierende Serien zusammenstellen. Ungeachtet dessen aber bildet jeder Band eine in sich abgeschlossene Einheit – unter der persönlichen Verantwortung des Autors und in völliger Eigenständigkeit gegenüber den benachbarten und verwandten Bänden, auch was den Zeitpunkt des Erscheinens angeht.

Lothar Gall

Inhalt

Vorwort des Verfassers

Die Angestellten haben weit später als die Bauern und Kaufleute, die Handwerker und Arbeiter Bedeutung in der Wirtschaft und Gesellschaft erlangt. Seit dem 19. Jahrhundert wuchsen sie aus bescheidenen Anfängen stark an, 1987 überflügelten sie der Zahl nach die Arbeiter. Seither ist die Gesellschaft der Bundesrepublik mehrheitlich eine Angestelltengesellschaft.

Diese Entwicklung hat vielfältige Ursachen. Die wohl wichtigste waren die Entstehung und der Wandel der industriellen Gesellschaft sowie der Übergang zur Dienstleistungsgesellschaft. Der Aufstieg der Angestellten wurde von heftigen Debatten über deren gesellschaftlichen Standort begleitet: Waren die Angestellten nichts anderes als eine spezielle Kategorie der Arbeiterschaft? Waren sie eine Form des mittleren – des mittelständischen – Bürgertums? Oder waren sie eine neue, eigenständige gesellschaftliche Kraft? Was macht den Angestellten aus: seine Funktion oder die Eigenart seiner Tätigkeit, seine betriebliche oder gesellschaftliche Position, sein Selbstverständnis oder seine arbeits- und sozialversicherungsrechtliche Stellung? In der Wissenschaft wurden vor allem die Fragen nach dem gesellschaftlichen Ort der Angestellten – als Stand, Klasse oder Schicht – und die Ursachen der Verortung diskutiert, insbesondere die Abgrenzung und die Gemeinsamkeiten von Angestellten und Arbeitern.

Lange galt es als ausgemacht, daß die Angestellten mehrheitlich eine rückwärtsgewandte, traditionsbestimmte gesellschaftliche Kraft gewesen seien, die – wenn ihre Ansprüche auf gesellschaftliche Geltung nicht erfüllt wurden – zu ständischem, rechtsgerichtetem Protest neigten, insbesondere in der Weltwirtschaftskrise und beim Aufstieg des Nationalsozialismus. Die neuere Forschung hingegen hat dieses Bild erheblich differenziert und in Teilen widerlegt. Sie hat gezeigt, daß ein Konglomerat aus traditionellen und modernen Faktoren die Angestellten kennzeichnet. Insbesondere erzielten sie seit dem 19. Jahrhundert zahlreiche arbeits- und sozialversicherungsrechtliche Erfolge, die dann auch auf andere gesellschaftliche Gruppen übertragen wurden, insbesondere auf die Arbeiter (z.B. der Kündigungsschutz und die Lohnfortzahlung im Krankheitsfall). Auch die Beamten, an denen sich die Privatangestellten lange Zeit orientierten, übernehmen gegenwärtig Elemente der Angestelltenstellung (Versicherungsanteile bei der Alterssicherung). Heute kristallisiert sich heraus, daß die Angestellten seit dem 19. Jahrhundert eine Vorreiterrolle bei der sozialen Sicherung hatten und gesellschaftspolitische Modernisierer waren. Gegenwärtig scheinen sie zum Muster für die Arbeitnehmergesellschaft insgesamt zu werden; dabei verfließen die Grenzlinien zu den anderen gesellschaftlichen Gruppen und Schichten, und die inneren Differenzierungslinien werden stärker.

Die Angestelltenforschung ist seit den 1970er Jahren stark gewachsen. Anfangs beschäftigte sie sich vornehmlich mit der Verbands- bzw. Organisationsgeschichte, inzwischen hat sie sich mehr und mehr der betrieblichen Lage, den Arbeitsverhältnissen sowie der Lebensführung insgesamt, dem privaten wie dem beruflichen und politischen Verhalten zugewandt. Dabei zeigt sich, daß einige Themen viel Aufmerksamkeit gefunden haben – darunter die Abgrenzung der Angestellten von den Arbeitern, ihre Tätigkeit in den Großbetrieben sowie ihre arbeits- und sozialversicherungsrechtliche Stellung. Andere Themen sind weiterhin kaum untersucht, darunter der Vergleich und die Wechselbeziehungen von Privatangestellten und Staatsbeamten, ferner die Arbeitsverhältnisse der Angestellten in den Mittel- und Kleinbetrieben. Der vorliegende Band sucht einen Überblick über die Angestelltenforschung zu geben, auf Desiderata hinzuweisen und neue Untersuchungen anzuregen und zugleich dazu beizutragen, die methodischen Schwierigkeiten zu überwinden, die die sozialgeschichtliche Forschung im Grenzbereich von Geschichte, Wirtschaftswissenschaften, Soziologie und Politologie kennzeichnen.

Ich danke Klaus Tenfelde dafür, daß er die Arbeit mit Geduld, Ermunterung und gutem Rat begleitet hat, ferner Lothar Gall und Helmut Schmiedt für nützliche Hinweise sowie Adolf Dieckmann für das sorgfältige Lektorat. Bei der Beschaffung der Literatur und der Erstellung und Prüfung der Druckfassung haben mich zahlreiche Mitarbeiter unterstützt. Stellvertretend möchte ich Bettina Hinterthür, Monika Wakefield, Julia Franke und Tatjana Range danken.

Köln, im Oktober 1999 Günther Schulz

I. Enzyklopädischer Überblick

A. Einführung

1. Begriff und Typologie

Der Begriff „Angestellter“ entstand im 19. Jahrhundert als eine Bezeichnung, die unselbständig Erwerbstätige aus unterschiedlichen Berufen, Tätigkeitsfeldern und Positionen zusammenfaßt und von den Arbeitern und Beamten abgrenzt. Dennoch war es im allgemeinen Sprachgebrauch noch lange üblich, als Angestellte – gemäß der Grundbedeutung von „anstellen“ – alle diejenigen zu bezeichnen, die ein Amt – eine „Anstellung“ – erhalten hatten, auch Beamte. Die begriffliche Nähe von Amt und Anstellung, von „Beamter“ und „Angestellter“, blieb lange erhalten. Dies spiegelt das Selbstverständnis der frühen Angestellten, einen „Dienst“ am Unternehmen auszuüben, ähnlich dem Amt bzw. dem Dienst des Beamten am Staat. Im Begriff „Angestellter“ fließen rechtliche mit sozioökonomischen und sozialpsychologischen Faktoren zusammen. Im einzelnen wurde und wird er vor dem Hintergrund der allgemeinen Verkehrsanschauung von der betrieblichen Praxis, der Angestelltenversicherungspflichtigkeit der Tätigkeit und durch tarifvertragliche Regelungen bestimmt. Ferner wirken auf ihn berufliche bzw. gewerkschaftliche Faktoren und die jeweilige Selbst- und Fremdeinschätzung. Die gesellschaftspolitische Diskussion betraf vornehmlich die gesellschaftliche Verortung der Angestellten: die Frage, ob ihre Stellung ähnlich derjenigen der Selbständigen sei oder ob sie integraler Teil eines mehr oder weniger einheitlichen Arbeitnehmertypus' seien oder ob sie eine eigenständige gesellschaftliche Kraft – einen „neuen Mittelstand“ – darstellten.

Grundbedeutung „Angestellte“

Gesellschaftspolitische Diskussion

Angestellte arbeiten in allen Wirtschaftsbereichen: vornehmlich bei den privaten und öffentlichen Dienstleistungsunternehmen, doch auch in der Industrie und in größeren Handwerksbetrieben sowie, wenn auch in weit geringerer Zahl, in der Landwirtschaft. Die beiden „klassischen“ Hauptgruppen sind die kaufmännischen und die technischen Angestellten. Die ersteren umfassen „Büroberufe“ unter anderem in der Buchhaltung, beim Personal-, Rechnungswesen, bei der Korrespon-

Hauptgruppen

denz sowie „Verkaufsberufe“ im Laden usw. Die technischen Angestellten schließen Berufe in der Werkstatt, im Labor, Konstruktions- und Planungsbüro etc. ein.

Fließende Übergänge

An den Rändern der Angestelltengruppe waren und sind die Übergänge zu den Selbständigen, Beamten und Arbeitern fließend. Dies gilt für die arbeitsrechtliche Stellung, die Höhe der Entlohnung, die Entscheidungsbefugnisse, Tätigkeitsbereiche und vieles andere. Wir finden Angehörige administrativer, technischer, steuerberatender, wissenschaftlicher und anderer Berufe ebenso als Angestellte wie als Selbständige und als Beamte. Mitunter ist die Angestelltentätigkeit eine Etappe auf dem Weg zur Selbständigkeit oder zur Verbeamtung.

Eingrenzungsversuche

Auf Grund dieser Faktoren konnte und kann der Begriff „Angestellter“ inhaltlich-systematisch nicht zureichend bestimmt werden. Es gab eine Reihe von Ansätzen, die Angestellten mit Hilfe funktionaler Kriterien einzugrenzen. So wurden die Angestellten gelegentlich als „geistig tätige“, die Arbeiter hingegen als „körperlich tätige“ Arbeitnehmer typisiert. Ferner wurden die ersteren als mittelbar, die letzteren als unmittelbar am Produktionsprozeß beteiligte Gruppen gekennzeichnet. Fritz Croner entwickelte die Vorstellung, die Angestelltenfunktionen seien ursprünglich Unternehmerfunktionen gewesen und im Laufe der Zeit auf diese Gruppe der Unselbständigen übertragen worden („Delegationstheorie“). Schließlich vertraten insbesondere marxistische Autoren die These, die Angestellten seien eine vornehmlich durch unternehmerisches Kalkül („divide et impera“) abgespaltene Variante eines tatsächlich, „objektiv“, einheitlichen Arbeitnehmertyps.

Diese Ansätze wurden ausgiebig diskutiert [siehe Kapitel II.B.]. Sie fanden nicht die Zustimmung der Forschung. Eine Definition, die die Angestellten in systematischer Sicht zwingend, mit hinreichender Trennschärfe, als eigenständigen Beschäftigtentypus von anderen Arbeitnehmerkategorien abgrenzt, ist auch gegenwärtig nicht zu erkennen. Freilich sind solche Abgrenzungsschwierigkeiten nicht ungewöhnlich. Es gibt sie z. B. auch zwischen Handwerk und Industrie.

Selbstverständnis

Bis zum späten 19. Jahrhundert sahen sich die Angestellten in den Läden in der Regel als angehende selbständige Kaufleute. Doch mit der Expansion des Einzelhandels wurde die unselbständige Tätigkeit im Laden für die meisten Beschäftigten zum Dauerzustand. Die Angestellten in den Büros der Industrie verstanden sich bis zur Jahrhundertwende im allgemeinen als herausgehobene, von den Arbeitern deutlich abgesetzte Arbeitnehmer mit beaufsichtigenden, dispositiven u.ä. Aufgaben. Sie orientierten sich vielfach an den Staatsbeamten.

Privatbeamte

Mit dem Begriff „(Privat)Beamte“ (bzw. Fabrik-, Büro-, Betriebsbeamte) wurden Kassierer, Buchhalter, Korrespondenten, Betriebsleiter etc. zusammengefaßt. Zuordnung und Sprachgebrauch variierten nach Region und Unternehmen. Mitunter bezeichnete „Privatbeamter“ alle Beschäftigten jenseits der Arbeiterstellungen, mitunter nur herausgehobene Gruppen. Dem Typus nach umfaßte er anfangs die Angestellten in Vertrauensstellungen. Die berufsneutrale Bezeichnung „Angestellter“ wurde erst benötigt und setzte sich erst allgemein durch, als neben diesen Beschäftigten in großer Zahl mittlere und untere Positionen neu entstanden und es (unter anderem aus Gründen der arbeitsrechtlichen Einheitlichkeit) erforderlich wurde, ihre Inhaber mit den alten Privatbeamten zusammenzufassen. Dies war ab etwa 1890 der Fall. Doch der Sprachgebrauch variierte auch weiterhin. In den Betrieben sprach man noch bis zu den 1920er Jahren vom „Beamten“, außerbetrieblich war die Bezeichnung „Privatbeamter“ für viele industrielle Angestellte noch lange verbreitet. Bei Kreditinstituten war sie noch nach dem Zweiten Weltkrieg anzutreffen („Schalterbeamter“). Darin manifestierte sich die Vorstellung von einer beamtenähnlichen Stellung in der Privatwirtschaft mit den Kennzeichen: Treueverhältnis zum Arbeitgeber, Dienstethos, Teilhabe an (betrieblicher) Herrschaft, Kontrolle, Anordnungsbefugnis und große Sicherheit vor Entlassung. 1911 gelang es den Angestelltenverbänden, die Verabschiedung des Angestelltenversicherungsgesetzes (AVG) als eigene, von der Arbeiterversicherung getrennte soziale Sicherung durchzusetzen. Dieses für die Angestelltengeschichte überaus wichtige Gesetz festigte gesellschaftliche Trennlinien und wirkt bis in die Gegenwart weiter.

Keine Sonderstellung

Heute ist die Vorstellung von einer Exklusivität der Angestellten verschwunden. Die Unterschiede zwischen Arbeitern und Angestellten im Arbeits- und Sozialversicherungsrecht sowie bei der Entlohnung sind fast vollständig eingeebnet. Im breiten Feld der mittleren und unteren Angestellten gibt es keine Faktoren, die eine irgendwie geartete „Sonderstellung“ gegenüber den Arbeitern kennzeichnen oder rechtfertigen würden. Es gibt Arbeitnehmer, die als Angestellte eingestuft sind und einfache Tätigkeiten bzw. Muskelarbeit verrichten, welche geringe Qualifikation erfordern und niedrig entlohnt werden. Andererseits gibt es Arbeitnehmer, die komplizierte und verantwortungsvolle Tätigkeiten verrichten, welche umfangreiche Qualifikation erfordern und gut bezahlt werden, die jedoch als Arbeiter („gewerbliche Arbeitnehmer“) eingestuft sind. Gegenwärtig verfließt der Angestellte im Typus des Arbeitnehmers, z.B. des von der Statistik gebildeten „Vier-Personen-Arbeitnehmerhaushalts mit mittlerem Einkommen“. Die IG Bergbau,

Chemie, Energie hat die Grenze zwischen Angestellten und Arbeitern im Tarifwesen sogar ganz beseitigt. Auch der IG Metall ist dies in jüngster Zeit weitgehend gelungen. In manchen Unternehmen haben die Tarifpartner ein einheitliches Entgeltsystem für Angestellte und Arbeiter eingeführt, z. B. 1994 bei Audi. Die tarifliche Vereinheitlichung und neue Kooperationsformen im Rahmen der „lean production", z. B. im Eisenacher Opelwerk, lassen die Abgrenzung weiter verblassen.

Historische Orientierungen

So wenig sich eine Grenzlinie zwischen den Angestellten in ihrer Gesamtheit einerseits und den Arbeitern andererseits mittels funktionaler Kriterien finden läßt, so sehr stützen sich allfällige Abgrenzungen auf historische Kriterien: auf Tradition, überkommene Mentalität und die Prägung der Alltagspraxis. Diese Orientierungen wurden durch entsprechendes Verhalten und Ansprüche, gesellschaftliche Besitzstände und Institutionen – wie separate Gewerkschaft und Sozialversicherung – gestützt. Dies ändert sich gegenwärtig rasch mit der Industrialisierung der Dienstleistungen. Sinnfälliger Ausdruck dieses Wandels ist die 1998 beschlossene Verschmelzung der DAG mit mehreren DGB-Gewerkschaften.

Industrialisierung der Dienstleistungen

Typisierung

Typisierend könnte man als „Angestellten" einen Gehalt empfangenden unselbständig Erwerbstätigen in einem relativ dauerhaften Arbeitsverhältnis bestimmen, das vergleichsweise große Aufstiegschancen bietet und bei dem im allgemeinen wenig körperliche Kraft und Geschicklichkeit erforderlich sind. Doch dies gilt heute – abgesehen von speziellen Branchen – nur für die oberen und für viele mittlere, aber überwiegend nicht für die große Zahl der unteren Angestellten. Will man auch diese einbeziehen, bleibt nur eine nominalistische Definition. Demnach sind Angestellte diejenigen, die in ihrem Arbeitsvertrag als Angestellte eingestuft bzw. bei der Bundesversicherungsanstalt für Angestellte (BfA) sozialversichert sind.

Nominalistische Definition

Tatsächlich gelangte bereits das AVG von 1911 nicht zu einer systematischen Definition des Angestellten. Es behalf sich mit einer Auflistung der Angestelltentätigkeiten. Dies wurde 1924 in einem „Berufsgruppenkatalog" erweitert und präzisiert. Die kasuistische Zuordnung gilt, obwohl systematisch nicht überzeugend, im Grundsatz auch heute. Manche Autoren, die über die Geschichte der Angestellten arbeiten, kritisieren, die große Gruppe der unteren Angestellten täusche sich darüber hinweg, daß ihre Existenz proletarisch sei, und grenze sich ideologisch von den Arbeitern ab. Hingegen betonen Autoren, die über die Geschichte der Arbeiter arbeiten, daß sich auch gegenwärtig viele Arbeiter von den Angestellten durch „Muskelarbeit", durch ihre Arbeitskleidung (den „Blaukittel") und durch das Bewußtsein abgesetzt fühlten, über weit weniger Möglichkeiten zum beruflichen Aufstieg zu verfügen. Offensichtlich ist die Mentalität auch der unteren Angestellten, zumal im kaufmännischen Bereich, weiterhin stark von der Vorstellung geprägt, keine „Muskelarbeit“ zu leisten, sondern direkt oder mittelbar an arbeitsvorbereitenden, kontrollierenden, verwaltenden oder distributiven Tätigkeiten beteiligt zu sein: Schreibtischarbeit unter angenehmeren Arbeitsbedingungen (in einem sauberen, leisen, beheizten Umfeld) als bei vielen gewerblichen Tätigkeiten und mit größeren Aufstiegsmöglichkeiten. Die Literatur bringt im Begriff „Kragenlinie“ sinnfällig zum Ausdruck, daß die Angestellten auch die Kleidung dazu benutzten, sich demonstrativ von den Arbeitern abzusetzen: Der weiße Kragen zeigte – anders als der blaue der Arbeiter –, daß sie sich bei der Arbeit nicht schmutzig machten. Im übrigen waren und sind die beruflichen Spitzenpositionen ausnahmslos keine Arbeiter-, sondern Angestelltenstellungen. Das Gros der Angestellten bezog und bezieht seine Orientierungen nicht von den Arbeitern her, sondern von den leitenden Angestellten, in einigem Umfang auch von den Beamten und Unternehmern.

„Kragenlinie“

2. *Hauptveränderungen: Wachstum – „Feminisierung“ – gesellschaftspolitische Abgrenzung – Modernisierung*

Neue Entwicklungen

Die meisten Angestelltentätigkeiten veränderten sich in der zweiten Hälfte des 19. Jahrhunderts in geradezu revolutionärer Weise. Dies bewirkte anfangs vor allem die Industrialisierung des gewerblichen Sektors: die Entstehung der industriellen Großunternehmen, ihre Expansion seit etwa 1870 und ihr Übergang von Eigentümer- zu Manager-Unternehmen. In den wachsenden betrieblichen Bürokratien differenzierte sich ein immer weiteres Spektrum von Berufen und Positionen aus. Weitere wichtige Entwicklungen waren die Expansion des Dienstleistungsbereichs mit tiefgreifenden Umstellungen im Handel (Entstehung der großen Warenhäuser seit dem ausgehenden 19. Jahrhundert, der Supermärkte, Selbstbedienung) und die Umwälzungen im Bürobereich („Weiße Automation“, Elektronische Datenverarbeitung u. a.); der Einzug von Frauen um die Jahrhundertwende in die bis dahin beinahe ausnahmslos „männlichen“ Angestelltenstellungen; die Rationalisierung und beginnende Automatisierung der Büros Mitte der 1920er Jahre; schließlich der Siegeszug der Elektronischen Datenverarbeitung in den Büros, Werkstätten und Läden seit den 1970er Jahren. In großer Zahl entstanden neue Arbeitsinhalte, Tätigkeitsfelder und neue betriebliche Hierarchien, und die vorhandenen wandelten sich. Einige überkommene Tätigkeiten verschwanden, andere spalteten sich von vorhandenen ab und gewannen Eigenständigkeit, wieder andere entstanden neu, vornehmlich im Bereich der naturwissenschaftlich-technischen Berufe sowie der Dienstleistungen und der Kommunikation.

Wachstumsphasen

Die hervorstechendsten Züge dieser Entwicklung waren das exorbitante Wachstum der Zahl der Angestellten und, damit verbunden, die rasante Auffächerung des Spektrums ihrer Tätigkeiten und Positionen. Die Industrialisierung ließ nicht nur die Zahl der Arbeiter andauernd größer werden, sondern schuf auch immer mehr Stellen für Angestellte im stark expandierenden Gewerbe. Vor allem im späten 19. Jahrhundert bis 1914 war die Zunahme außerordentlich groß. Die wirtschaftlichen Schwierigkeiten zwischen den Weltkriegen bewirkten eine gewisse Stagnation. Das Schwergewicht des Wachstums verlagerte sich nun zum Handel. Nach 1945 folgte für mehr als drei Jahrzehnte wieder ein starker Schub. Seine Ursachen waren die Ausdehnung des Gewerbes, mehr und mehr auch der privaten Dienstleistungen sowie des öffentlichen Dienstes, vor allem der Ausbau der Sozialversicherungsbürokratien und der Kommunen. Seit den frühen achtziger Jahren stagnieren die Zahlen auf Grund einer gewissen Sättigung der Arbeitsmärkte, Verteuerung der Arbeit sowie von Rationalisierung bei der Informationsverarbeitung. Da aber die Zahl der Arbeiter zurückgeht, wächst der Anteil der Angestellten weiter. 1987 war der Gleichstand erreicht. Seither gibt es mehr Angestellte als Arbeiter in der Bundesrepublik: Die Gesellschaft wurde zur Angestelltengesellschaft.

Bis zur Industrialisierung war die Zahl der Angestellten verschwindend gering. Die Angaben sind im einzelnen unsicher, unter anderem deshalb, weil die Reichsstatistik anfangs Beamte und Angestellte nicht getrennt auswies und die Verkäufer und Werkmeister bei den Arbeitern subsumierte. Doch die Gesamtentwicklung ist unstrittig.

Gesamtzahlen

1882 arbeiteten in Land- und Forstwirtschaft, Bergbau und Industrie, Handel und Verkehr (doch ohne Handlungsgehilfen und Verkäufer etc. in Handel und Verkehr) 307 268 Angestellte (1,9% der dort hauptberuflich Erwerbstätigen), 1907 waren es in den drei Bereichen (also ohne den öffentlichen Dienst) 1 290 728 Angestellte (5,2% der entsprechenden hauptberuflich Erwerbstätigen) und 1925 3 834 888 (13,6%). 1933 gab es in Deutschland insgesamt (einschließlich öffentlichem Dienst, ohne Beamte) 4 032 345 Angestellte (12,5% aller Erwerbspersonen). Nach dem Zweiten Weltkrieg expandierten die Zahlen stärker als je zuvor. In der Bundesrepublik arbeiteten 1950 3 523 520 Angestellte (16,0%), 1995 waren es in Deutschland 16,79 Mio. (46,6% der Erwerbstätigen). Dabei verringerte sich der Abstand zu den Arbeiterzahlen. 1882 gab es rund 12 Arbeiter je Angestellter, 1933 waren es vier, 1950 drei, seit 1987 ist es weniger als ein Arbeiter je Angestellter. Daß es gegenwärtig mehr Angestellte als Arbeiter gibt, hat weitreichende Konsequenzen, insbesondere für die Zielgruppenorientierung der politischen Parteien.

„Feminisierung"

Der zweite hervorstechende Zug der Angestelltenentwicklung ist die „Feminisierung" der Berufe. 1882 waren rund zwölf Prozent aller Angestellten und Beamten Frauen; 1925 waren es 30, gegenwärtig sind es mehr als 55%. Der Zustrom der Frauen rief bei vielen männlichen Angestellten Verdrängungsängste hervor und stieß bei ihnen auf erbitterte Ablehnung. Auf der anderen Seite entwickelten vornehmlich die Verbände der weiblichen Angestellten eine heftige Agitation, um die Öffnung der Berufe für Frauen und Gleichstellung mit den Männern zu erreichen. Tatsächlich war die Frauenarbeit stets sozial asymmetrisch. Sie ist es auch heute noch, obwohl Unterschiede abschmelzen. Dabei nimmt der öffentliche Dienst eine Vorreiterrolle ein. Die Arbeitsmärkte der Angestellten segmentieren sich auf vielen Feldern entlang der Grenzlinie zwischen den Geschlechtern. Die meisten höheren, besser bezahlten Positionen sind in den Händen von Männern. Die Frauen hingegen arbeiten meist in den unteren, schlechter bezahlten Stellungen. Daneben entstanden regelrechte Frauenberufe.

Gesellschaftspolitische Abgrenzung

Das dritte Hauptcharakteristikum der Angestelltengeschichte betrifft die Bemühungen um eine gesicherte gesellschaftliche Position. Die Angestellten wollten sich innerbetrieblich und gesellschaftlich von den Arbeitern unterscheiden, auch bei gleicher Höhe des Einkommens. Sie verstanden sich überwiegend als nichtproletarisch, ja als antiproletarisch und manifestierten dies auch in der Lebensführung. Schon früh gelang es ihnen, vor allem im Arbeits- und Sozialversicherungsrecht, günstigere Regelungen durchzusetzen als die Arbeiter sie hatten. Freilich führte ihnen deren ungünstigere Stellung stets – und besonders in Krisenzeiten – vor Augen, daß der eigene Status verletzlich war. In Wirtschaftskrisen zeigten die Angestellten besonders heftige Furcht vor Proletarisierung, was weitreichende politische Folgen hatte. Tatsächlich schwand der Vorsprung gegenüber den Arbeitern im Verlauf des 20. Jahrhunderts, vor allem seit 1949, immer mehr. Dies war das Ergebnis komplizierter, vielschichtiger Prozesse, in denen die Angestellten an „Exklusivität" verloren und die Arbeiter wirtschaftlich, politisch und gesellschaftlich hinzugewannen. Als Ursachen hat die Forschung, was die Angestellten betrifft, insbesondere deren massenhaftes Anwachsen herausgearbeitet, ferner die Verbesserung des allgemeinen und des fachlichen Schulwesens sowie die Zerlegung, Automatisierung und Nivellierung vieler ihrer Tätigkeiten. Auf seiten der Arbeiter sind politische Erfolge in der Weimarer Zeit zu nennen, ferner egalisierende Tendenzen der Nationalsozialisten, vornehmlich aber das sozialpolitische Engagement der Volksparteien CDU/CSU und SPD in der Bundesrepublik, schließlich auch das Erstarken der Arbeitergewerkschaften und damit die Durchsetzung günstiger Tarifabschlüsse (nicht nur) zur Zeit des großen Wirtschaftswachstums nach dem Zweiten Weltkrieg.

Angestellte als Typus des modernen Arbeitnehmers

Im Ergebnis wurden die Angestellten nicht von den Arbeitern verdrängt. Sie erwiesen sich vielmehr auf Dauer als Vorreiter sozialversicherungs- und arbeitsrechtlicher Sicherung, insofern Regelungen, die sie erlangt hatten, nach und nach auf die Arbeiter übertragen wurden. Nicht die Angestellten verloren, sondern die Arbeiter gewannen. Dazu trug insbesondere die Vorbildwirkung einmal erreichter sozialversicherungsrechtlicher Sicherungen bei, ferner die Durchsetzung der Industriegewerkschaften, die Arbeiter und Angestellte gemeinsam organisieren, die Expansion des Dienstleistungssektors sowie der nachhaltige allgemeine wirtschaftliche Aufschwung. Die Übertragung von Elementen der sozialen Sicherung von den Angestellten auf die Arbeiter wurde von der Ausbreitung gesellschaftlicher bzw. kultureller Wertorientierungen (Aufstiegsorientierung, Qualifikations- und Mobilitätsbereitschaft) begleitet und gefördert („Angestelltenmentalität“).

Gegenwärtig werden die Angestellten offenbar auch zum Modell für Neuerungen bei den Beamten: Die finanzielle Beteiligung der Beamten an der eigenen Alterssicherung durch die Novellierung des öffentlichen Dienstrechts zum 1. Januar 1999 orientiert sich dem Typus nach an entsprechenden Formen der Angestelltenversicherung. Nachdem die Angestellten sich in ihrer Geschichte auf vielen Feldern an den Beamten orientiert hatten, sind sie nun offenbar dabei, zum Modell für die soziale Sicherung nicht nur der Arbeiter, sondern auch der Beamten selbst und damit zum Typus des modernen Arbeitnehmers schlechthin zu werden.

B. Die Angestellten der vorindustriellen Zeit

In der vorindustriellen Zeit waren der Handel und die häuslichen Dienste die Domänen der Angestelltenberufe. In den deutschen Handelsfirmen arbeiteten bis weit ins 19. Jahrhundert meist nicht mehr als drei Personen, einschließlich der Lehrlinge und Angestellten. Die großen oberdeutschen Handelsgesellschaften des 15. bis 17. Jahrhunderts beschäftigten in ihren Faktoreien anfangs ein bis zwei, später in den bedeutenderen Niederlassungen bis zu sieben Handelsdiener (Faktor, Buchhalter, Kassierer, Schreiber/Kopisten usw.). In Hamburg zählte man 1764 bei einer Bevölkerung von mehr als 50000 Erwachsenen nur 627 Kontor- und Ladendiener. Als der Handel mit Amerika zunahm, wuchs die Zahl der Angestellten in den Kontoren der deutschen Seestädte, in Bremen verdoppelte sie sich zwischen 1750 und 1800.

Berufliche Gruppen

Die kaufmännischen Angestellten waren ausschließlich Männer. Sie arbeiteten überwiegend im Großhandel. 1715 unterschied Paul Jakob Marperger, Herausgeber des ersten deutschen Kaufmannswörterbuchs, *Complementarii* (Generalhandlungsbevollmächtigte bzw. Prokuristen), *Factores (*selbständige auswärtige Vertreter, auch für mehrere Firmen), *Reisediener*, die im Auftrag einer einzelnen Firma die Geschäftspartner aufsuchten, *Buchhalter*, die im Geschäft den ersten Platz einnahmen, *Kontoristen* (Korrespondenten, Kassierer oder angehende Handlungsdiener) sowie *Laden-, Gewölb- und Warendiener* für den Ein- und Verkauf, das Sortieren und den Versand. Die Ladendiener waren die unterste Gruppe der Handlungsdiener (sie wurden mit „Er" angesprochen, die Kontoristen mit „Sie"). Sie konnten sich weiterqualifizieren und ins Kontor überwechseln. Viele Angestellte, nicht nur solche, die mit der Annahme von Geldern zu tun hatten, mußten beim Prinzipal eine Sicherheit hinterlegen. Dies schloß die unteren Bevölkerungsschichten aus. Im Laufe des 18. Jahrhunderts teilten sich die kaufmännischen Angestellten in zeitweilige und ständige Diener. Die ersteren, die ihre Stelle häufig wechselten, standen nach Funktion, Stellung und Gehalt über den letzteren. Im übrigen schätzte der Ladendiener sich gesellschaftlich höher ein als den Handwerker und brachte dies durch Kleidung und Auftreten zum Ausdruck.

Die berufliche Gliederung der kaufmännischen Angestellten veränderte sich bis Mitte des 19. Jahrhundert nicht wesentlich. Ein kaufmännisches Handbuch von 1841 unterschied den Faktor, Disponenten oder Geschäftsführer als Leiter oder Teilleiter der Firma; den Buchhalter, der mitunter für mehrere Firmen zugleich arbeitete; den Kassierer, oft mit Prokura ausgestattet; ferner den Korrespondenten, Spediteur, Magaziner oder Lagerdiener, den Ladendiener und Reisenden.

Qualifikation

Die beruflichen Voraussetzungen waren eine gehobene Allgemeinbildung und fachliche Qualifikation. Die erstere war in der Bevölkerung noch wenig verbreitet, solange eine allgemeine Schulbildung fehlte. Die letztere wurde meist bei der Lehre in einem oder mehreren Unternehmen erworben. Seit dem Mittelalter wuchs zudem die Zahl kaufmännischer Fachbücher. Im 18. Jahrhundert konnte schon allein die Lese- und Schreibkundigkeit den Weg in besser bezahlte Stellungen ebnen. Mit dem Wachstum der Unternehmen nahmen die Möglichkeiten zu, in höhere Positionen aufzusteigen. 1857 hatte gut ein Sechstel der Handelsfirmen gehobene Angestellte, von denen viele Unternehmer- bzw. Vorgesetztenfunktionen ausübten. Ferner weitete sich das Gehaltsspektrum erheblich. Dabei wuchs die Zahl der Angestellten mit mittlerem Einkommen. Neben dem Gehalt waren häufig Sonderzuwendungen vereinbart. Die Handlungsdiener in gehobenen und auch viele in mittleren Positionen bezogen im allgemeinen höhere Gehälter als die Angehörigen vergleichbarer akademischer, künstlerischer und Verwaltungsberufe. Im Mittelbereich erhielten Handlungsdiener im 18. Jahrhundert – neben Kost und Logis – ein Jahresgehalt von etwa 100 bis 150 Talern. Dies war mehr, als Handwerksgesellen und akademische Hilfskräfte und weit mehr, als gelernte und ungelernte Handarbeiter erhielten. Im unteren Gehaltsbereich standen die Handlungsdiener etwa auf einer Stufe mit dem qualifizierten Dienstpersonal, wurden aber gelegentlich von Köchen und Hausmeistern übertroffen. Zwischen 1750 und 1850 dürfte die Differenz zwischen den niedrigsten und den höchsten Angestelltengehältern zwischen 1:20 und 1:33 gelegen haben. Die meisten kaufmännischen Angestellten erreichten einen kleinbürgerlichen Lebensstandard ähnlich den Handwerksmeistern und Volksschullehrern, oberhalb der Arbeiter und Gesellen. Die höheren Kontorangestellten hatten meist einen bürgerlichen Lebenszuschnitt.

Gehälter

Arbeitsbeziehungen

Arbeitsteilung war noch wenig ausgeprägt. Der Angestellte lernte alle Arbeitsabläufe kennen. Er erhielt den Überblick über die Gestaltung und Kontrolle des Geschäfts; im Gegenzug erwartete der „Prinzipal" Einsatz und Loyalität. Die Arbeitsbeziehungen waren meist patriarchalisch geprägt. Die wenigen Angestellten standen unter der familiär-autoritären Fürsorge oder Despotie des Prinzipals. Sie wohnten bei ihm. Die Beziehung zwischen Angestellten und Unternehmern war durch ein ausgeprägtes Dienstethos bestimmt. Diese innere Disposition ersetzte lange Zeit schriftliche Regeln, vielerorts noch bis ins 20. Jahrhundert hinein. Da die Arbeitsleistung des Angestellten, anders als die des Arbeiters, in der Regel nur schwer meßbar und kontrollierbar war, bildete die indirekte Kontrolle über ein Dienstethos offenbar die angemessene, effiziente Form.

Arbeitsrecht

Die besondere Stellung des frühen Angestellten fand ihren Ausdruck darin, daß seine Arbeitsleistung im Unterschied zu der des Arbeiters im allgemeinen nicht zeitlich, sondern sachlich definiert wurde;

daß der Arbeitsvertrag häufig nur mündlich geschlossen und nicht näher spezifiziert wurde, sondern im Belieben des Prinzipals stand; daß der Angestellte im allgemeinen eine längere Kündigungsfrist hatte als der Arbeiter; daß das Entgelt in der Form des Monatsgehalts statt des Wochen-, Tage- oder Stücklohns gezahlt wurde; daß es ferner Zusatzleistungen gab wie Geschenke oder Prämien zu Weihnachten, Unterstützung im Krankheitsfall und – doch dies war noch selten – einige Tage Urlaub im Jahr.

Arbeitsgerät

Die Arbeit in den Büros und Kontoren veränderte sich bis weit ins 19. Jahrhundert hinein kaum. Die Attribute des Schreibers waren Gänsekiel, Tintenfaß und das Federmesser zum Spitzen der Feder und zum Radieren. Es gab u.a. die Folianten der Buchhaltung, die Presse zum Kopieren der Briefe sowie Rechenbretter. Seit Ende des 18. Jahrhunderts war der Bleistift das verbreitetste Schreibinstrument. Eine wichtige, aber nicht einschneidende Neuerung war die 1831 von Joseph Gillot erfundene Stahlfeder, die man in eine Holzhalterung steckte. Der „Tankfüllfederhalter“ wurde erst in den 1920er Jahren erfunden, als ihn die mechanische Schreibmaschine eigentlich schon überflüssig gemacht hatte. Bei der Nachrichtenübermittlung verdrängte die elektrische Telegraphie seit etwa 1850 die schon lange bekannte optische Telegraphie. Doch sie erhöhte die Intensität der Büroarbeit im allgemeinen erst gegen Ende des 19. Jahrhunderts.

Weg zur Selbständigkeit

Der Aufstieg zum Prinzipal erfolgte im 17. und 18. Jahrhundert häufig dadurch, daß der Angestellte die Tochter oder die Witwe eines Kaufmanns heiratete oder an die Stelle des Sohnes trat. Im 19. Jahrhundert hingegen wurde es üblich, sich erst im Ausland „hochzuarbeiten“ und sich dann mit dem erworbenen Kapital in der Heimat selbständig zu machen oder Teilhaber in einer neuen Firma zu werden. In seltenen Fällen, in denen nur geringes Startkapital erforderlich war, reichte das Gehalt eines gehobenen Kontoristen aus, um ein Geschäft zu gründen. Doch dies wurde im 19. Jahrhundert immer schwieriger, vor allem im gewerblich-industriellen Bereich.

Orientierung am Prinzipal

Der verbreitete Angestelltentypus der vorindustriellen Zeit war der Unternehmersohn, der bei einem Geschäftspartner des Vaters eine Ausbildung erhielt, oder ein anderer Verwandter, der später ein Unternehmen erbte, gründete oder „erheiratete“. Seine Perspektive war von Anfang an die Selbständigkeit. Die Tätigkeit als Angestellter war für ihn Durchgangsstadium. Demgemäß orientierte sich sein Verhalten an dem des Prinzipals. Das galt für Alltag, Lebensstil, das politische Verhalten sowie für kulturelle Interessen wie die Teilnahme an Literaturzirkeln und den Besuch von Konzerten usw. Auch das Organisationsverhalten war gleich. Die frühen Vereine der Angestellten waren berufsständische „Harmonieverbände“. In ihnen organisierten sich Selbständige und Unselbständige gemeinsam zur Pflege des beruflichen Austauschs, der Geselligkeit und oft auch zur Unterstützung bei individuellen Notlagen.

C. Die Epoche der Industrialisierung (1850–1914)

Von der Mitte des 19. Jahrhunderts bis zum Ersten Weltkrieg wuchs die Zahl der Angestellten gewaltig an und prägten sich die betrieblichen und gesellschaftlichen, wirtschaftlichen, arbeits- und sozialrechtlichen sowie institutionellen Grundlagen aus, die die Geschichte der Angestellten seither bestimmen – die Interessen ebenso wie die Traditionen, Besitzstände und Konflikte. Die betriebliche und gesellschaftliche Situation änderte sich stark. Einerseits nahm der Druck auf dem Arbeitsmarkt zu, weil sich die Bevölkerung und das Angebot an Arbeitskräften bedeutend vermehrten. Zudem erlangten immer mehr Menschen allgemeine Schul- und Fachschulbildung. Dadurch verloren Angestellte an Exklusivität, vornehmlich im unteren und mittleren Bereich. Andererseits weiteten sich langfristig die Nachfrage der Konsumenten, die Staatstätigkeit sowie der Binnen- und Außenhandel beträchtlich aus. Dies eröffnete neue Arbeitsmöglichkeiten im Handel; mehr aber noch bot der Boom der gewerblich-industriellen Unternehmen neue Arbeits- und Aufstiegsmöglichkeiten für kaufmännische und technische Angestellte.

Innovationen

Die jahrhundertelang kaum veränderte Welt der Büros wurde im späten 19. Jahrhundert durch Telephon, Schreibmaschine und Kurzschrift revolutioniert. Das 1876 von Alexander Graham Bell und Elisha Gray zum Patent angemeldete Telephon verbreitete sich rasch. Nun entstand der neue Beruf des – häufig noch auf der Lohnliste geführten – Telephonisten bzw. der Telephonistin, die die Gespräche von Hand vermittelten. Zugleich nahm die Schreibarbeit zu. Sie wurde etwa seit den 1890er Jahren durch die Verbreitung der Schreibmaschine und der Kurzschrift grundlegend verändert. Dabei wirkten sich amerikanische Einflüsse aus, ebenso wie beim Einsatz von Bürohilfsmitteln seit Ende des 19. Jahrhunderts: von Karteisystemen und Registerschränken, Briefordnern, Schnellheftern, Durchschreibe- bzw. Kohlepapier, Rohrpostanlagen, Aktenfahrstühlen, Frankier- und Adressiermaschinen, Registrierkassen etc. Dies war der erste bedeutende Innovationsschub in den Büros, ein weiterer folgte nach der Währungsreform von 1923, ebenfalls auf Grund amerikanischer Einflüsse.

1. Die Angestellten in der Industrie

Anzahl

Am stärksten expandierten die Zahlen der Beschäftigten während des Kaiserreichs im Gewerbe. Die Stellen für Angestellte in Bergbau, Baugewerbe, Handwerk und Industrie wuchsen aus kleinen Anfängen in kurzer Zeit stürmisch an: von 99076 (1882) über 263745 (1895) auf 686007 (1907). Diese Expansion übertraf die der Arbeiter im sekundären Sektor. Deren Zahl verdoppelte sich in etwa von 4,1 auf 8,6 Mio. 1882/1907, während die Zahl der Selbständigen leicht zurückging (von 2,2 auf 2,0 Mio.). Die industriellen „Privatbeamten" entstanden zuerst auf der betrieblichen Ebene, bevor sie von der Öffentlichkeit als gesellschaftliche Kategorie wahrgenommen wurden.

Betriebliche Kennzeichen

Die Angestellten im frühen Industrieunternehmen unterschieden sich in mehrfacher Hinsicht von den Arbeitern: ihre Zahl war geringer, ihre Tätigkeit nicht so unmittelbar produktionsorientiert und der Erfolg schwerer meßbar. Ihre Tätigkeit war noch wenig arbeitsteilig, sie hatten oft allein und ungeschmälert eine oder mehrere Funktionen inne, z. B. als Buchhalter, Kassierer, Korrespondent, Fakturist. Die Erfahrungskomponente ihrer Qualifikation war sehr groß, da die frühen Unternehmen noch stark individuell geprägt und da die allgemeine und die Fachschulbildung noch wenig entwickelt waren. Zudem hatten sie Einblick in Geschäftsinterna, sie konnten dem Unternehmen fahrlässig oder vorsätzlich großen Schaden zufügen, zum Beispiel durch Verrat von Geschäftsgeheimnissen. Deshalb war das Loyalitätsbedürfnis des Unternehmers ihnen gegenüber besonders stark. Es veranlaßte ihn, den Angestellten andere und günstigere Bedingungen als den Arbeitern bei der Entlohnung, den Arbeitsbedingungen und der sozialen Lage zu gewähren. Dies waren, in typisierender Sicht:

Entlohnung

Die Angestellten wurden anders und besser entlohnt als die Arbeiter: nicht durch Stück- oder Zeitlohn im Wochen- oder Zweiwochenturnus, sondern durch monatlich gezahltes Gehalt. Dieses wurde im allgemeinen mit steigendem Lebensalter bzw. zunehmender Beschäftigungsdauer erhöht, folgte also Senioritäts- bzw. Anciennitätsgesichtspunkten. Die Unternehmen zahlten zudem das Gehalt im Krankheitsfall eine Zeitlang weiter, berücksichtigten vielfach persönliche Verhältnisse (z. B. Heirat) bei der Gehaltsfestsetzung und gewährten Sonderleistungen wie Gratifikationen, Vorschüsse etc., die Arbeiter selten oder gar nicht erhielten.

Arbeitsbedingungen

Die Arbeitsbedingungen waren insofern günstiger, als die Arbeitszeit kürzer war und es keine ähnlich strengen Kontrollen (z. B. Torkontrollen) wie bei den Arbeitern gab; daß die Kündigungsfristen länger und die Angestellten faktisch (nur ansatzweise rechtlich) vor Entlassung eher geschützt waren als Arbeiter. Die Unternehmer bemühten sich, die Angestellten ans Unternehmen zu binden, zu halten und bei vorübergehenden Geschäftsflauten nicht zu entlassen. Die Arbeitsverhältnisse wurden durch Anstellungsschreiben oder Einzelvertrag geregelt und nicht, wie bei den Arbeitern, kollektiv in einer Arbeitsordnung. Die Angestellten hatten mehr Aufstiegsmöglichkeiten, weil ihr betriebliches Positionsspektrum mehr Karrierestufen umfaßte als das der Arbeiter, das lediglich aus den Ebenen des (gelernten, un- oder angelernten) Arbeiters, des Vorarbeiter sowie des (Werk-)Meisters bestand – eine nur von wenigen erreichte Endposition. Die Angestellten waren deshalb stärker aufstiegsorientiert. Sie waren hinsichtlich der Beschäftigungslage, Gehaltshöhe und Arbeitsplatzsicherheit von Marktschwankungen relativ weniger abhängig und besaßen damit größere Sicherheit bei der Lebensführung.

Soziale Lage

Jenseits dieser Gemeinsamkeiten, die sie von den Arbeitern abhoben, waren die Gruppen der Angestellten überaus heterogen. Mindestens bis zum Ersten Weltkrieg prägten überwiegend die berufsständischen Bezeichnungen wie Handlungsgehilfe, Kommis, Korrespondent, Zeichner, Ingenieur etc. das Verständnis und den Sprachgebrauch der Zeitgenossen, nicht der übergreifende technisch-neutrale Begriff „Angestellter". Doch unterschieden sich drei Gruppen: die Büroberufe (Kaufleute usw.), die Betriebsberufe (Techniker etc.) sowie der Werkstattbereich im engen Sinn (Werkmeister u. a.). Diese Dreigliederung prägte sich in Unterschieden des Arbeitsrechts, der Positionen, der Entlohnung und Teilhabe an betrieblichen Sozialleistungen sowie des gesellschaftlichen Status' aus. Die Techniker waren eine relativ kleine, exklusive Gruppe von außerbetrieblich, oft akademisch ausgebildeten Spezialisten in einer meist nur einmal besetzten Funktion, schwer ersetzbar und meist im oberen Gehaltsbereich anzutreffen. Die Kaufleute hingegen waren zahlreicher, oft in gleichen oder ähnlichen Funktionen tätig, damit leichter ersetzbar, oft (nur) innerbetrieblich qualifiziert und in den meisten Gehaltsgruppen anzutreffen. Die Werkmeister waren eine kleine, doch überaus wichtige Gruppe am Fuße der Angestelltenpyramide, an der Gelenkstelle zu den Arbeitern. Sie stammten in den ersten Jahrzehnten der Industrialisierung in der Regel aus dem Handwerk, später stiegen sie meist aus der Arbeiterschaft des Unternehmens durch innerbetriebliche Qualifikation, praktische Erfahrung und Ge-

Techniker

Kaufleute

Werkmeister

schicklichkeit, Organisations- und Durchsetzungsfähigkeit sowie langjährige Treue und Loyalität auf. Der Werkmeister unterschied sich durch bessere Bezahlung und günstigere arbeitsrechtliche Stellung in der Regel deutlich vom Arbeiter. Die preußische Gewerbeordnung von 1845, die erste Regelungen für die Arbeitsverhältnisse der Fabrikarbeiter brachte, überließ das Arbeitsverhältnis der Meister der privaten Abmachung mit dem Unternehmer. Der frühindustrielle Meister war mächtig: Er entschied über Einstellung und Entlassung der Arbeiter, wies diese ein, lernte sie ggfs. an, teilte die Arbeit zu, wachte über deren Qualität und über die Einhaltung der Fertigstellungstermine, kontrollierte die Disziplin, das persönliche Verhalten und die Trinkgewohnheiten, konnte Arbeiter für Prämien, Urlaub etc. vorschlagen und Strafen verhängen. Er war im Alltag das Organisations- und Befehlszentrum der Produktion. Für die Arbeiter verkörperte er meist die betriebliche „Obrigkeit".

Arbeitsrecht

In den frühen Industrieunternehmen wurden den Angestellten die Funktionen und Befugnisse mündlich zugewiesen. Arbeitsplatzbeschreibungen und Organisationspläne fehlten noch. Den Handlungsgehilfen, der umfangreichsten Gruppe der frühen Angestellten, gelang es als ersten, eine günstige arbeitsrechtliche Position zu erreichen. Das preußische Handelsgesetzbuch (HGB) von 1861 legte fest, daß sie Anspruch auf sechs Wochen Gehaltsfortzahlung bei unverschuldetem Unglück – das bedeutete vor allem: im Krankheitsfall – und eine sechswöchige Kündigungsfrist zum Quartalsende hatten (Artikel 60 und 61). Das war günstiger als die Regelung für die Arbeiter (diese erhielten keine Lohnfortzahlung bei Krankheit und konnten sofort, allenfalls mit ein- bis zweiwöchiger Frist, entlassen werden; die Gewerbeordnung schrieb nur vor, daß die Kündigungsfrist für beide Vertragsparteien gleich sein mußte). Die Regelung von 1861 war die Kodifikation der verbreiteten Praxis. Neu war nur die Bindung der Kündigung ans Ende des Vierteljahres. Erst die Gewerbeordnungsnovelle von 1891 stellte die Betriebsbeamten, Werkmeister und Techniker hinsichtlich Gehaltsfortzahlung und Kündigungsfrist mit den Handlungsgehilfen gleich (§ 133 a und c). Viele Arbeitsverträge enthielten eine „Konkurrenzklausel". Durch diese hinderten Unternehmen Angestellte – mit dem Argument, die Weitergabe von Geschäftsgeheimnissen zu unterbinden – einseitig am beruflichen Wechsel (siehe Kapitel II.E.3).

Das Handlungsgehilfenrecht galt sowohl für die Angestellten im Büro (Kontoristen etc.) als auch für die Verkäufer im offenen Laden (Ladendiener). Die ersteren waren besser bezahlt, höher geachtet, eher bürgerlich, die letzteren waren schlechter bezahlt, weniger geachtet, eher kleinbürgerlich. Beide aber waren lese-, schreib- und rechenkundig. Sie waren von den Hausknechten und Arbeitern scharf geschieden, die der Gesinde- oder Gewerbeordnung unterstanden. Neben solchen Prestigefaktoren war das Handlungsgehilfenrecht eine wichtige Klammer für die gesellschaftliche Position dieser Gruppe.

Sozialversicherung

Das auf die Arbeiter zugeschnittene Invaliditäts- und Altersversicherungsgesetz von 1889 (IAVG) bezog Handlungsgehilfen, Betriebsbeamte und sonstige Angestellte ein, soweit deren Einkommen unter 2000 Mark jährlich lag. Damit war beabsichtigt, die unteren Angestelltengruppen ebenso wie die Arbeiter vor wirtschaftlicher Not zu bewahren und politischer Radikalisierung vorzubeugen. 1911 gelang es den Angestelltenverbänden, mit dem AVG eine separate soziale Sicherung durchzusetzen, die zur Grundlage für weitere mittelständische Abgrenzung wurde.

Neue Positionen

Zu den wichtigsten innerbetrieblichen Veränderungen bis zum Ersten Weltkrieg gehört die vertikale und horizontale Ausdehnung der Angestelltenstellungen. Neue Positionen traten hinzu, zugleich aber vermehrten sich einfache, gleichrangige Tätigkeiten mit hohem Routinegehalt. Mit der Verbreitung der Aktiengesellschaften entstand eine neue Schicht leitender Angestellter: die Vorstandsmitglieder (Direktoren) mit Unternehmerfunktion im Sinne strategischer, nicht bloß taktischer Entscheidungskompetenz. Damit weitete sich das Gefüge der Positionen. Mit dem Wachstum der Unternehmen und der immer komplizierteren Technik, dem Fortschreiten der buchhalterisch-kalkulatorischen Erfassung und der Bewältigung wachsender sozialversicherungsrechtlicher, steuerlicher und anderer staatlicher Anforderungen wurden arbeitsvorbereitende, planende, kontrollierende und distributive Arbeiten immer wichtiger. Das berufliche Spektrum und die Ansprüche an die Qualifikation erweiterten sich, einfache Schulbildung und Erfahrungswissen reichten immer weniger aus. Das technische Schulwesen, anfangs auf niedrigem Stand, wurde ausgebaut, die gewerblich-technische Ausbildung zunehmend akademisiert.

Qualifizierung

Eine Folge der Akademisierung war die Ablösung des Meisters durch den Ingenieur. Mit wachsenden Anforderungen an das technische Wissen etc. verschärften sich die Rekrutierungsprobleme. Zunehmend wurden Fachkräfte von weither geholt. Nun reichte die innerbetriebliche Rekrutierung häufig nicht mehr aus – teils, weil es im eigenen Unternehmen nicht genügend qualifizierten und langjährig werkstreuen Meisternachwuchs gab, teils weil die im Betrieb erworbenen Erfahrungen allein nicht mehr genügten. Um die Jahrhundertwende und kurz danach zeigten sich die Grenzen der patriarchalischen „Meisterwirt-

Meisterwirtschaft und Ingenieurwirtschaft

schaft“: Die Meister hatten die Kenntnisse der Verfahren und Abläufe vielfach als persönliches Geheimnis behandelt, am Hergebrachten festgehalten und sich gegen Innovationen gesperrt. Bald nach der Jahrhundertwende wurden betriebstechnische Fächer an den deutschen Hochschulen etabliert. Mit dem Fortschritt der Technik und der Verwissenschaftlichung der Verfahren trat in den Unternehmen nun an die Stelle der personalen Meisterwirtschaft mehr und mehr die unpersönliche, formalisierte „Ingenieurwirtschaft“. Vorreiter war der Maschinenbau, doch auch die Textilindustrie und andere Branchen waren betroffen. Die Meister verloren Kompetenzen an die Ingenieure und Techniker, z.B. hinsichtlich eigenständiger Konstruktionsarbeit. Sie wurden zunehmend ausführende bzw. nur noch weniger wichtige Probleme lösende „Funktionsmeister“. Doch sie behielten ihre kontrollierenden und sozial organisierenden Aufgaben.

Dequalifizierung

Gegenläufig zur Akademisierung vollzog sich eine andere Entwicklung: Das Wachstum und die Rationalisierung der Großbetriebe vermehrten die unteren und mittleren administrativen Aufgaben bei Buchhaltung, Ein- und Verkauf, in der Personal- und Sozialverwaltung sowie bei der Werkstattleitung insbesondere seit den 1880er Jahren. Viele einst komplexe Angestelltentätigkeiten wurden aufgespalten, standardisiert und formalisiert, wenngleich später als bei den Arbeitern. Die Angestellten wurden zu einer heterogenen Gruppe von Spezialisten. Die Zerlegung von Arbeitsprozessen sowie die Verbreitung und Höherentwicklung der allgemeinen, mehr noch der fachlichen Ausbildung machten den Einzelnen leichter ersetzbar und gefährdeten seine günstigere Stellung. Es entstand eine breite Schicht unterer und mittlerer Angestellter, die nicht mehr über die Merkmale verfügten, durch die ihre Vorgänger einst günstige Gehalts- und Arbeitsbedingungen erlangt hatten. Dies zeigte sich auch darin, daß etwa seit der Jahrhundertwende auch Frauen in den Büros der Industrie beschäftigt wurden, meist als „Maschinenschreiberin“. Für immer größere Gruppen wurde der Wunsch, selbständig zu werden, zur Illusion, die Beschäftigung in unselbständiger Stellung zum Dauerzustand: Die Angestelltentätigkeit wurde vom Durchgangsstadium zum Lebensberuf.

Frauen in den Büros

Gehaltskriterien

Die industriellen Angestellten erhielten in der Regel ein Jahresgehalt, das in monatlichen Raten ausbezahlt wurde – „postnumerando“, so schrieb es die Novelle von 1897 zum HGB vor. Bei Krankheit wurde das Gehalt mindestens sechs Wochen lang weitergezahlt. Die Gehälter waren erst wenig standardisiert oder tarifmäßig festgelegt, sondern wurden individuell festgesetzt. Auf die Gehaltshöhe wirkten sich u.a.

die Position in der betrieblichen Hierarchie und die Teilhabe an Anordnungs- bzw. Entscheidungsbefugnissen aus, die individuelle Funktion, Leistung und Qualifikation, ferner das Lebens- und Dienstalter, wodurch Treue und betriebliche Erfahrung honoriert wurden, schließlich das Gehaltsniveau der Branche und der Region. Das Gehaltsniveau der Techniker war im allgemeinen höher als das der Kaufleute. Werkstattschreiber und Boten, Positionen unterhalb der Werkmeister, wurden meist auf der Lohnliste geführt. Dies galt mancherorts auch für die Büroschreiber, Portiers und Telephonisten.

In vielen Unternehmen war es üblich, die Gehälter in unregelmäßigen Abständen anzuheben: Gehaltserhöhungen nach Anciennitätsgesichtspunkten, ähnlich den Staatsbeamten. Der Kreis der Betroffenen variierte. Bei dem Elektrounternehmen Siemens & Halske in Berlin umfaßte er anfangs nur die untere und mittlere Ebene der Gehaltspyramide (u.a. Meister, Werkstattschreiber, Zeichner), bei dem Draht und Kabel produzierenden Unternehmen Felten & Guilleaume in Köln hingegen fast alle Angestellten. Erst mit fortschreitendem Wachstum der Unternehmen und der Herausbildung zahlreicher gleichartiger Funktionen bildeten sich gewohnheitsmäßig gewisse Regeln heraus, ohne daß diese bereits stets rechtlich fixiert wurden.

Gehaltsspannen

Das Gehaltsgefüge war außerordentlich weit gespannt. Bei Siemens & Halske zum Beispiel betrug 1860/66 das Jahresgehalt des Zeichners 264, das des Prokuristen 2000 Taler. Bei Berücksichtigung der Tantième erhöhte sich die Spanne auf 1:10 und mehr. Die Relationen zwischen dem niedrigsten und dem höchsten Gehalt stiegen an, bei Felten & Guilleaume 1885 bis 1900 von 1:3 auf 1:8 im kaufmännischen Bereich und von 1:3 auf 1:14 im technischen.

Zusätzliche Zahlungen

Ferner gab es Sonderzahlungen. Typisiert man die bunte Vielfalt solcher Leistungen, so waren es erstens erfolgsbezogene Gewinnanteile, vornehmlich für die leitenden Angestellten. So gewährte Siemens & Halske einer kleinen Gruppe („Tantièmisten") neben dem Gehalt einen vertraglich festgelegten prozentualen Anteil am Gewinn, auf dessen Zustandekommen der „Tantièmist" Einfluß hatte. Zweitens erhielten viele nicht unmittelbar am Gewinn beteiligte Angestellte einmalige jährliche Sonderzahlungen nach Erstellung der Bilanz oder aus anderen Gründen (Bilanz-, Inventurprämie etc.). Bei Siemens empfing selbst eine kleine Zahl von Arbeitern eine Inventurprämie. Darin kam ursprünglich auch eine Erfolgskomponente zum Ausdruck, zumal sich diese Prämie nach dem Geschäftserfolg des jeweiligen Jahres und nach der persönlichen Leistung des einzelnen richtete. Die Zahlungen verfestigten sich jedoch im Laufe der Zeit gewohnheitsmäßig und versteinerten gegen Beginn des 20. Jahrhunderts zum „dreizehnten Monatsgehalt". Drittens gab es Sonderleistungen wie Zu-, Vorschüsse, Gehaltserhöhung bei Heirat etc.

Die Sozialbeziehungen in vielen industriellen Unternehmen waren bis zum Ersten Weltkrieg noch nicht versachlicht, sondern personal, meist patriarchalisch geprägt. Der patriarchalische Unternehmer respektierte keine Trennung von Person und Arbeitskraft, sondern bezog die Beschäftigten umfassend ein. Wie ein „guter Hausvater" oder ein fürsorglicher Despot gestaltete er die Sozialverfassung nach Gutdünken. Er verlangte Fleiß, Treue, Gehorsam und gute Führung im Betrieb und im Privatleben. Im Gegenzug gewährte er soziale Sicherung bzw. Sozialleistungen – freiwillig, ohne schriftlich fixierte Regeln, widerruflich und individuell, als Belohnung, nicht als Recht. Das personale Konzept war in Eigentümer- bzw. Familienunternehmen, bei christlichen Unternehmern und in der Schwerindustrie besonders stark ausgeprägt. Es stammte aus der verbreiteten Hausgemeinschaft des Meisters bzw. Prinzipals und seiner Beschäftigten im Handwerk und im Einzelhandel, doch es war bis weit in die Hochindustrialisierung hinein verbreitet, auch bei industriellen Selfmademen. Es wirkte als mentale Gewohnheit im 20. Jahrhundert weiter, als ihm das Wachstum der Unternehmen, die Verrechtlichung der Sozialverfassung und das Erstarken der Gewerkschaften und anderer konkurrierender Kräfte längst die Grundlagen entzogen hatten.

Patriarchalismus

Die patriarchalische betriebliche Sozialpolitik zielte darauf, den Beschäftigten mit seiner ganzen Person an das Unternehmen zu binden. Sie umfaßte ein System betrieblicher Einrichtungen und Leistungen, die die Beschäftigten von der Wiege bis zur Bahre einbezogen. Die wichtigsten – in dieser Dichte nur in Großunternehmen ausgeprägt – waren folgende, hier typisierte Elemente:

Betriebliche Sozialpolitik

– Die *Beschäftigungspolitik* folgte der Maxime, langjährig Beschäftigte bei Wirtschaftskrisen nicht zu entlassen und so Werkstreue zu honorieren.
– Die *Betriebskrankenkasse* gewährte in der Regel höhere Leistungen als die Ortskrankenkasse. Sie basierte – meist auf Grund staatlicher Vorgaben – als einzige betriebliche Einrichtung auf dem Versicherungsprinzip und der Zwangsmitgliedschaft. Großunternehmen wie Bayer und Gebrüder Stumm unterhielten Krankenhäuser, kleinere Betriebe stifteten „Freibetten" im Krankenhaus.
– Die „*Werkskonsumanstalt*" verkaufte Lebensmittel, Winterkartoffeln, Kohlen, Kleidung, Haushaltswaren etc. preiswert oder mit Rabatt an die Beschäftigten.

– Die *Werkssparkasse* verzinste Einlagen überdurchschnittlich hoch. Die Einzahlung wurde erleichtert, die Einlagenhöhe gelegentlich beschränkt, die Auszahlung erschwert und mancherorts an bestimmte Anlässe wie Heirat oder Krankheit geknüpft. Die Einlagen wurden oft im Unternehmen selbst, mitunter bei der örtlichen Sparkasse angelegt. Gelegentlich bestand Sparzwang, insbesondere bei Jugend- und Alterssparkassen.
– Der *Werkswohnungs- und -siedlungsbau* mit größeren, besseren und preisgünstigeren Mietwohnungen als am örtlichen Markt. Gelegentlich förderten Unternehmen auch den Bau von Eigenheimen.
– *Werkskindergärten, -horte, Wöchnerinnenbetreuung, Haushaltungs-* und *Fortbildungsschulen.*
– *Casino, Kantine.*
– *Gratifikationen* und *Prämien* für Bilanz, Inventur etc., mancherorts eine *Gewinnbeteiligung.*
– Fallweise *Unterstützungen* bei Unfällen, Todesfällen, Kuren, familiären Schwierigkeiten, gelegentlich Vorschüsse.
– Laufende *Alters-, Invaliden-, Witwen-, Waisenunterstützungen* oder *Pensionen;* in der Regel ohne Arbeitnehmerbeiträge aus dem Unternehmensgewinn oder aus unternehmerischen Stiftungen etc. finanziert.
– Die betriebliche *Sterbekasse.*
– Das betriebliche *Vereinswesen:* Sport-, Gesangsvereine etc.
– Das betriebliche *Erholungswesen:* Turnhalle, Schwimmbad, Erholungsheim, Werksbücherei etc.

Angestellte genossen nicht nur informell größere Sicherheit vor dem Verlust des Arbeitsplatzes als Arbeiter, sondern partizipierten auch stärker an den betriebliche Leistungen und Einrichtungen. Diese markierten den betrieblichen Status deutlich, nicht nur mit Hilfe äußerer Insignien wie der Unterscheidung Casino – Kantine. Die Doppelfunktion der betrieblichen Sozialleistungen als Belohnung und Nutzenoptimierung zeigt sich bei den Werkmeistern besonders deutlich. Diese hatten eine Schlüsselfunktion für den reibungslosen Produktionsablauf. Sie wurden vergleichsweise gutgestellt und z.B. bei der Vergabe von Werkswohnungen bevorzugt: als Belohnung und Anreiz für Werkstreue und Loyalität ebenso wie zu dem Zweck, sie bei einer Betriebsstörung rasch heranholen zu können.

2. Handel, Banken und Versicherungen

Im Einzelhandel dominierte lange das vom Inhaber und seiner Familie geführte Detailgeschäft, in dem allenfalls einige wenige Verkäufer und

Verkäuferinnen (Ladendiener, Ladenkommis) beschäftigt waren. Hier bildeten sich mit der Hausgemeinschaft von Prinzipal und Verkäufer besonders intensive patriarchalische Arbeitsbeziehungen aus. Noch 1892 lebte knapp die Hälfte aller Einzelhandelsgehilfen in Kost und Logis beim Prinzipal. Selbst 1908 wohnten nach einer Erhebung des Deutschnationalen Handlungsgehilfen-Verbandes von 33611 erfaßten Handlungsgehilfen noch 10,7% beim Prinzipal, vor allem gering bezahlte und in den kleinen Städten. Hausgemeinschaft

Im Zuge der Urbanisierung und der Konzentration von Kaufkraft in den Städten, der Ausdehnung des Groß- und Zwischenhandels, des Export- und Importhandels und mit Entstehen der großen Warenhäuser und von Filialbetrieben nahm ab etwa 1880 die Zahl der Angestellten im Handel stark zu. Auch die Versicherungswirtschaft expandierte etwa von den 1880er Jahren an. Ihren Durchbruch erlebten die nun neben der staatlichen Sozialversicherung entstehenden privatwirtschaftlichen Versicherungen allerdings erst in den beiden Jahrzehnten vor dem Ersten Weltkrieg. Der Handel blieb der dominierende Bereich für die Angestellten, das Kredit- und das Versicherungsgewerbe hatten weitaus weniger Beschäftigte. Beschäftigtenzahlen für größere Zeiträume sind wegen statistischer Probleme nicht genau zu ermitteln. Insgesamt arbeiteten im Deutschen Reich 1895 etwa 1,3 Mio. Erwerbspersonen im Handel, davon 71% in Kleinbetrieben (1–5 Beschäftigte), 25% in Mittelbetrieben (6–60 Beschäftigte), die übrigen in Großbetrieben. Im Geld-, Bank- und Börsenwesen arbeiteten 1882 lediglich 12105 und 1907 49234 Angestellte. Das Versicherungsgewerbe hatte 1882 11824 Erwerbstätige. Anzahl der Angestellten

Die Wurzel der kaufmännischen Erwerbstätigkeit von Frauen war die Mitarbeit von weiblichen Familienangehörigen im Büro meist kleiner Kaufleute schon gegen Mitte des 19. Jahrhunderts. Dies läßt sich statistisch nicht näher eingrenzen. Für den Einsatz solcher gering oder gar nicht entlohnter Kräfte spielten wirtschaftliche Gründe eine Rolle. Doch auch das herrschende Frauenbild wirkte sich darin aus. Das Ideal der bürgerlichen Frau als Hausfrau und Mutter ließ bezahlte Frauenarbeit nicht zu, allenfalls als notwendiges Übel. Tatsächlich zogen Frauen aus bürgerlichen Familien, wenn sie erwerbstätig waren, den vergleichsweise verborgenen Arbeitsplatz im Büro stets dem öffentlichen Arbeitsplatz im Laden vor. Das Sozialprestige der Verkäuferin lag zwischen dem des Büropersonals und dem der Arbeiterin. Frauenarbeit

Der Kommis im Handel hatte arbeitsrechtlich die gleiche Stellung wie derjenige in der Industrie. Doch seine Arbeitsbedingungen waren häufig schlechter. Vornehmlich auf dem Lande und in den kleinen Arbeitsbedingungen

Läden, wo es viele Kümmerexistenzen gab, hatten die Ladengehilfen längere Arbeitszeiten und wurden sie schlechter bezahlt als ihre Kollegen in der Industrie. Zugleich war der Kontakt zum Inhaber in den kleinen Geschäften intensiver als in den großen und in der Industrie. Die Hoffnung auf spätere Selbständigkeit war unter den Verkäuferinnen und Verkäufern länger verbreitet als in der Industrie. Im letzten Viertel des 19. Jahrhunderts verstärkte sich der Zustrom zum Handel. Viele Handlungsgehilfen versuchten sich gegen die Überfüllung ihres Berufs durch Abschließung, Bekämpfung der Frauenarbeit, fachliche Weiterbildung und enge Kooperation mit den Prinzipalen zur Wehr zu setzen. Auf diesem Boden gedieh die Mittelstandsideologie, oft – gegen den Warenhandel von Juden gerichtet – mit antisemitischem Affekt.

Gehälter

In der weitaus günstigsten wirtschaftlichen Situation dieses Wirtschaftsbereichs befanden sich die Bankangestellten. Sie bezogen Einkommen, die ihnen eine „Sonderstellung", ja, die „Spitzenstellung" unter den Privatangestellten verlieh. Die weiblichen Angestellten hatten Gehälter in Höhe von 50 bis 80 Prozent des vergleichbaren Gehalts ihrer männlichen Kollegen.

3. *Öffentlicher Dienst*

Die Unterscheidung von Angestellten und Beamten war dem öffentlichen Dienstrecht vor Mitte des 19. Jahrhunderts fremd, von wenigen Ausnahmen abgesehen. Die Trennung der beiden Gruppen setzte in nennenswertem Umfang erst ein, als in den 1850er Jahren Privateisenbahnen in staatliche Verwaltung übergingen und die im Privatdienstverhältnis Beschäftigten übernommen wurden. Diese wurden zwar, ebenso wie die Arbeitskräfte mit einfachen, mechanischen Tätigkeiten, als „Beamte" bezeichnet, doch wurde ihnen – ebenso wie den ab 1891 eingestellten Fernsprechgehilfinnen der Post („Telegraphengehilfinnen") – eine kardinale Beamteneigenschaft nicht gewährt: die prinzipielle Unauflöslichkeit des Dienstverhältnisses. Die Zahl der mit Privatdienstvertrag angestellten Beschäftigten der öffentlichen Verwaltungen war lange sehr niedrig. Sie wuchs mit der Ausweitung der staatlichen, insbesondere der kommunalen Aufgaben vornehmlich nach dem Ersten Weltkrieg. Weil nun wohlfahrtsstaatliche und andere Aufgaben zunahmen, gleichzeitig aber Mangel an potentiellen Beamten herrschte, stellte man, auch auf Grund haushaltswirtschaftlicher Erwägungen, nichtbeamtete Kräfte ein. Dies bewirkte einen grundlegenden Strukturwandel des öffentlichen Dienstes. Erst nach dem Ersten Weltkrieg setzte sich die Bezeichnung „Angestellte" im öffentlichen Dienst allgemein durch. Im preußischen Verwaltungsdienst waren 1913 109925 Beamte und 7060 Angestellte (6,1% der Summe) beschäftigt.

4. Hausangestellte, Dienstboten

Die Dienstboten erlangten erst spät den Angestelltenstatus. Das Gesinde umfaßte diejenigen Personen, die zu jemandem im Verhältnis persönlicher Abhängigkeit standen und ihm zu Dienstleistungen verpflichtet waren, insbesondere Dienstboten im Hause, Knechte und Mägde. Ihr Arbeitsverhältnis war durch die Gesindeordnungen als Rechtsverhältnis gekennzeichnet. Die Gesindeordnungen stellten sie jahrhundertelang unter die besondere Strafgewalt ihrer Herrschaft und machten sie so zu Arbeitskräften zweiter Klasse. Die Regelungen wurden erst im November 1918 außer Kraft gesetzt, seither waren die häuslichen Dienstboten Angestellte im vollen Rechtssinn. Seit Anfang 1914 wurden sie in die Krankenversicherung aufgenommen.

Besonderes Rechtsverhältnis

Dienstbotin war der dominierende Frauenberuf im 19. Jahrhundert. 1882 gab es 1324924 Dienstboten, die im Haus ihrer „Herrschaft" lebten. Darunter waren nur 42510 Männer (3,2%; 1907: 15372 = 1,2%; 1925: 4094 = 0,4%). In dem Maße indes, in dem die Frauen in die neu geschaffenen Arbeitsplätze von Industrie und Handel etc. strömten, ging der Anteil der Dienstbotinnen an der Frauenarbeit relativ – nicht absolut – zurück. 1882 arbeiteten 23,2% (1282414 Personen) aller weiblichen Erwerbstätigen als Hausangestellte. 1907 waren es 13,2% (1249383). Über die Gewichtsverlagerung von häuslichen Diensten zu Handel und Industrie hinaus ging die Zahl der bei ihrer „Herrschaft" lebenden Dienstboten überhaupt vor dem Ersten Weltkrieg zurück, stärker noch im Krieg und danach. Denn die häusliche Eigenproduktion von Nahrungsmitteln und Kleidung wurde mehr und mehr aufgegeben, und finanzielle Schwierigkeiten machten es dem Bürgertum immer schwerer, Hausangestellte zu beschäftigen. 1925 gab es im Deutschen Reich noch 1020116 Hausangestellte. An ihre Stelle waren nun vielfach „Aufwartefrauen" getreten, die stundenweise im fremden Haushalt arbeiteten.

Frauenarbeit

Vor allem Mädchen aus der ärmeren Landbevölkerung, die zu Hause keine Arbeit fanden, wurden Dienstbotinnen in der nächstgelegenen Stadt, in Familien des mittleren und gehobenen Bürgertums. Die Arbeit im Haushalt der Herrschaft, wo sie Kost und Logis erhielten, galt als geschützter als die Arbeit in der Fabrik und im offenen Laden. Doch die Arbeitszeiten waren lang, der Barlohn war gering. Manche Autobiographie berichtet von der Tyrannei der „gnädigen Frau" und

Arbeitsbedingungen

von schlechten Schlafgelegenheiten, etwa auf dem „Hängeboden" Berliner Mietwohnungen. Die Dienstmädchen waren überwiegend jung und unverheiratet und betrachteten ihre Arbeit als Durchgangsstadium: als Erwerbstätigkeit, um eine Zeitlang davon zu leben, hauswirtschaftliche Kenntnisse zu erlangen, zu heiraten und wieder in die frühere Heimat zurückzukehren oder um Industriearbeiterin oder Verkäuferin mit weniger persönlicher Gängelung, höherem Barlohn und günstigeren arbeitsrechtlichen Regelungen zu werden.

Zur Spitzengruppe der Hausangestellten gehörte die Gouvernante (die „Französin", „englische Miss" oder das „deutsche Fräulein"), das Pendant zum Hofmeister. Sie stammte meist aus gebildeten, aber unvermögenden bürgerlichen Familien. Die Gouvernante erzog und unterrichtete seit dem 17. Jahrhundert Töchter aus dem hohen Adel, seit dem 18. Jahrhundert auch aus dem Landadel, selten aus dem reichen Bürgertum. In den bürgerlichen Familien in Deutschland galt es lange als unschicklich, daß Mütter die Erziehung einem Kindermädchen anvertrauten. Erst ab etwa 1870 beschäftigte das wohlhabende Bürgertum nach englischem Vorbild eine „nurse" oder „nanny". Die Söhne wurden im 19. Jahrhundert mehr und mehr auf öffentliche Schulen und in Internate geschickt, doch die Erziehung der Töchter aus der Oberschicht blieb vielerorts bis etwa 1918 privat. Danach setzte sich die öffentliche Schule auch dort durch.

Erzieherinnen

5. *Vom „Harmonieverband" zur Gewerkschaft: die Organisationen der Angestellten*

„Harmonieverbände"

Die Organisationen der Angestellten haben Wurzeln im 18. Jahrhundert, doch nennenswertes Gewicht erlangten sie erst nach Mitte des 19. Jahrhunderts. Die frühen Organisationen verstanden sich nicht als gewerkschaftliche Interessenvertretung, sondern waren berufsständisch orientiert. Sie hielten daran fest, daß die Tätigkeit der Angestellten Durchgangsstadium zur Selbständigkeit sei und daß ihre Interessen daher denjenigen der Prinzipale nicht entgegengesetzt seien, sondern gleichgerichtet. Demgemäß organisierten sie Angestellte und Prinzipale gemeinsam („paritätisch") in berufsständischen Verbänden. Streiks und Klassenkampfdenken lehnten sie ab („Harmonieverbände"). Sie waren standes- und traditionsbewußte Zusammenschlüsse zur gegenseitigen Hilfe in Notfällen und zur Pflege von fachlicher und allgemeiner Bildung und von Geselligkeit. Als wichtigste Aufgabe betrachteten sie die Stellenvermittlung. Frauenarbeit lehnten sie als „widernatürliche" und gefährliche Konkurrenz ab.

Der berufsständische und branchenspezifische Zusammenschluß war der Typus der frühen Angestelltenverbände. Er herrschte z. B. im Bank- und Versicherungsgewerbe vor. Die wichtigsten frühen Organisationen waren der Hamburger „Verein für Handlungs-Commis“ von 1858, vornehmlich zum Zweck der preiswerten Stellenvermittlung gegründet, ferner der Leipziger „Verband Deutscher Handlungsgehilfen“ (VDH) von 1881 und der „Deutschnationale Handlungsgehilfen-Verband“ (DHV) von 1893, der rasch zur größten kaufmännischen Organisation wurde (1907: 107668 Mitglieder). Von Furcht vor Proletarisierung angetrieben, vertrat er mit hartem Einsatz wirtschaftliche berufsständische Forderungen. Er war antisozialistisch und antisemitisch orientiert. Eine Besserung der Verhältnisse der Angestellten erwartete er vornehmlich von der Hilfe der Prinzipale und des Staats, von der Fortbildung seiner Mitglieder und der Ausbildung des Nachwuchses.

Frühe Standesvereinigungen

Seit den 1880er Jahren gab es eine regelrechte Gründungswelle. Dominant blieb der berufs- und branchenspezifische Verband, doch nun entstanden auch übergreifende Angestelltenorganisationen. Der erste Zusammenschluß, der über die traditionellen Berufsgrenzen hinweg Buchhalter, Ingenieure, Werkführer, Revierförster, wissenschaftliche Hilfskräfte und andere organisierte, war der 1881 in Magdeburg gegründete „Deutsche Privatbeamtenverein“. Auch er war unpolitisch, kooperierte mit den Arbeitgebern und bot vor allem Versicherungsleistungen an.

Berufsübergreifende Verbände

Als in der Hochindustrialisierung die Zahl der unteren und mittleren Angestellten stark zunahm, die wirtschaftlich-soziale Lage großer Gruppen immer weniger dem traditionellen Leitbild des Privatbeamten entsprach und die Hoffnung auf spätere Selbständigkeit und betrieblichen Aufstieg für viele zur Illusion wurde, nahmen der Zustrom zu den Organisationen und die Bemühungen um Verbesserungen der Aus- und Weiterbildung zu. Die meisten Angestelltenverbände reagierten mit wachsender berufsständischer Abschließung, Abgrenzung von den Arbeitern und mit Forderungen nach staatlicher Protektion. Dezidiert gewerkschaftliche Strategien verfolgten nur wenige und erst spät. Am Ende des Jahrhunderts entstanden erste Angestelltengewerkschaften: wirtschaftliche Interessenvertretungen, die keine Selbständigen aufnahmen und die den Arbeitskampf als Mittel zur Durchsetzung ihrer wirtschaftlich-gesellschaftspolitischen Interessen bejahten.

Zunehmende Organisierung

Zu den wichtigsten kaufmännischen Angestelltengewerkschaften gehörten der „Zentralverband der Handlungsgehilfen und Handlungsgehilfinnen Deutschlands“ von 1897 (ZdH), der eng mit den Arbeitergewerkschaften der Linken kooperierte und der als erste Angestellten-

Angestelltengewerkschaften

organisation auch Frauen aufnahm, sowie der „Allgemeine Verband der Deutschen Bankbeamten“ von 1912. Die erste und wichtigste Gewerkschaft der Techniker war der 1904 gegründete „Bund der technisch-industriellen Beamten“ (Butib). Anstöße zur Vergewerkschaftung gingen insbesondere von technischen Angestellten aus. Zwar hatten auch deren Verbände ihren Ursprung in den Vereinen zur Förderung der Fachbildung und des Standesbewußtseins. Doch waren viele Techniker mit ihren neuen Berufen weniger traditionell geprägt als die Kaufleute, zudem hatten viele am Arbeitsplatz engeren Kontakt zu den Arbeitern. Den Gewerkschaften neigten eher die jüngeren und geringer qualifizierten als die älteren und besser ausgebildeten Angestellten zu. Die ZdH-Mitglieder stammten überwiegend aus Großunternehmen im Bereich der Banken, Versicherungen, Warenhäuser und Konsumgenossenschaften. Die berufsständischen Organisationen und die Selbständigen lehnten Gewerkschaften ab. Deren Mitgliederzahlen und Einfluß blieben vor dem Weltkrieg noch gering. Der wichtigste Anstoß für Neugründungen und für die verbandliche und gewerkschaftliche Arbeit ging seit 1901 von den Bemühungen um eine separate Pensions- und Hinterbliebenenversicherung der Angestellten aus.

Weltanschauliche Richtungen

In ihrer Gesamtheit lassen sich die Verbände im Grundsatz, doch nicht in allen Fällen organisatorisch, den drei weltanschaulichen Richtungen zuordnen, die sich im Kaiserreich herauskristallisierten und die auch die Arbeitergewerkschaften bestimmten: den freiheitlich-nationalen wirtschaftsfriedlichen Hirsch-Dunckerschen Gewerkvereinen, den christlich-nationalen Vereinen sowie den sozialistischen, klassenkämpferisch, antikonfessionell und international ausgerichteten Freien Gewerkschaften.

Weibliche Angestellte

Da die Verbände keine weiblichen Mitglieder aufnahmen – dies begann erst 1897 im freigewerkschaftlichen ZdH sowie ab 1906 im Hirsch-Dunckerschen „Verein der deutschen Kaufleute“ – gründeten Frauen eigene Berufsverbände. Dies geschah etwa 30 Jahre nach der entsprechenden Gründungsphase bei den Männern. Der „Kaufmännische und gewerbliche Hilfsverein für weibliche Angestellte“, der 1889 in Berlin entstand, war die erste Gründung, initiiert von dem Bankangestellten Julius Meyer. Der Verein entsprach mit seiner auf Selbsthilfe und Wohltätigkeit gerichteten Arbeit dem Typus der übrigen Verbände. 1900 – er hatte 13029 Mitglieder – benannte er sich in „Kaufmännischer Hilfsverein für weibliche Angestellte“ um, 1919 in „Verband der weiblichen Handels- und Büroangestellten“ (VWA).

Organisationsgrad

1907 waren etwa 33% der männlichen und 14% der weiblichen Angestellten in Standesverbänden und Gewerkschaften organisiert. Die

Organisationen waren beruflich und regional stark zersplittert. Ende 1906 hatten die kaufmännischen Verbände 412200 Mitglieder (darunter 60732 Selbständige) und die technischen Verbände 100505 Mitglieder (darunter 2719 Selbständige).

6. *Das Angestelltenversicherungsgesetz von 1911 und die gesellschaftliche Stellung der Angestellten im Kaiserreich*

Die Bismarcksche Sozialversicherung zielte politisch und versicherungsrechtlich auf die Arbeiter. Die Krankenversicherung von 1883 und die Unfallversicherung von 1884 erfaßten Angestellte nur am Rande. Lediglich das IAVG von 1889 bezog die kaufmännischen und technischen Angestellten mit Jahreseinkommen bis zu 2000 Mark ein. Der leitende Gedanke war, daß Angestellte besser verdienten als Arbeiter, deshalb selbst vorsorgen könnten und nicht in die Zwangsversicherung einbezogen werden müßten. 1907 waren 63% der männlichen und 94% der weiblichen Angestellten in der Rentenversicherung versichert. Deren Leistungen waren allgemein sehr gering. Bereits seit den 1890er Jahren forderten Angestellte, entweder bessere Bedingungen für die Sicherung im Alter zu schaffen oder eine eigene Versicherung zu errichten.

Rentenversicherung

Seit 1901 entfalteten die Angestelltenverbände eine lebhafte Agitation für eine eigene, von den Arbeitern abgesetzte, staatsbeamtenähnliche Pensionsversicherung, orientiert an (1906 realisierten) Plänen für eine Sonderversicherung der Privatbeamten in Österreich. Seit 1901 kooperierten zahlreiche Verbände, gründeten 1903 den „Hauptausschuß für die staatliche Pensions- und Hinterbliebenenversicherung der Privatangestellten" und führten eine große Erhebung über die wirtschaftliche Lage der Privatangestellten 1903 durch: 200000 Fragebögen wurden an die Mitglieder der Organisationen verschickt, 154843 konnten ausgewertet werden. Damit stand erstmals derart umfangreiches statistisches Material über Einkommen, Alter, Familienstand, Stellenlosigkeit und insbesondere über die soziale Sicherung von Angestellten im Alter durch Versicherungen etc. zur Verfügung. Die Enquête offenbarte unter anderem, daß Angestellte im Schnitt mehr Geld für das Wohnen ausgaben als Arbeiter und dennoch in unzulänglichen Wohnungen lebten.

Vorbereitung des AVG

Im Verlauf der Auseinandersetzungen um die Gestaltung der Versicherung spaltete sich die Angestelltenbewegung in eine Hauptrichtung, die die Sonderversicherung propagierte und vornehmlich von paritätischen kaufmännischen Verbänden getragen wurde, und eine Ne-

Integrierte oder Sonderversicherung?

benrichtung, die den Ausbau der bestehenden Versicherung anstrebte – die Angestellten also gemeinsam mit den Arbeitern sichern wollte – und die von Technikergewerkschaften geprägt war.

AVG-Beiträge

Nach zehn Jahren öffentlicher Debatte verabschiedete der Reichstag am 5. Dezember 1911 einstimmig das „Versicherungsgesetz für Angestellte" (AVG). Versicherungspflichtig waren Angestellte nach Vollendung des 16. Lebensjahres bis zum Jahresarbeitsverdienst von 5000 Mark. Die Beiträge, in neun Klassen von 1,60 bis 26,60 Mark monatlich gestaffelt, betrugen durchschnittlich sieben Prozent des Gehalts. Die Versicherten und die Arbeitgeber trugen sie je zur Hälfte. Angestellte mit einem Jahresverdienst bis zu 2000 Mark unterlagen auch weiterhin der Invaliditäts- und Altersversicherung, doch in der Angestelltenversicherung waren ihre Beiträge reduziert. Diese Doppelversicherung wurde durch eine Novelle vom 10. November 1922 beseitigt.

Die Beitragssätze in der Angestelltenversicherung waren etwa dreieinhalbmal so hoch wie in der Arbeiterrentenversicherung. So konnte sie günstigere Leistungen als die Arbeiterversicherung gewähren. Sie führte für männliche Angestellte nach 120, für weibliche nach 60 Beitragsmonaten ein Ruhegeld bei Berufsunfähigkeit oder nach Erreichen des 65. Lebensjahres ein. Hingegen lag die Altersgrenze in der Arbeiterversicherung bei 70 Jahren; sie wurde 1916 auf 65 Jahre gesenkt. Ein weiterer wichtiger Unterschied bestand darin, daß eine Angestelltenrente bei Berufsunfähigkeit (Erwerbsminderung von 50%) gezahlt wurde, die Arbeiterrente hingegen nur bei Erwerbsunfähigkeit (66% Erwerbsminderung). Das Angestelltenruhegeld nach 120 Beitragsmonaten betrug ein Viertel des Wertes der in dieser Zeit entrichteten Beiträge und ein Achtel der über diese Zeit hinaus entrichteten Beiträge. Angestelltenwitwen erhielten eine „unbedingte Rente", d.h. ohne Einschränkungen, die in ihrer Person lagen, anders als in der Arbeiterversicherung, die 1889 noch keine, 1911 eine „bedingte" Witwenrente einführte und diese erst mit der Rentenreform 1957 der Regelung der Angestelltenversicherung anpaßte. Auch die Regelung der Waisenrente war günstiger (Angestelltenkinder bis zum Alter von 18, Arbeiterwaisen bis zum Alter von 15 Jahren). Witwen und Witwer erhielten 40% des Ruhegeldes des Ernährers, Halbwaisen ein Fünftel, Vollwaisen ein Drittel des Betrags der Witwenrente.

Leistungen des AVG

Unterschiede zwischen Angestellten und Arbeitern

Reichsversicherungsanstalt

Als Träger der Angestelltenversicherung wurde die Reichsversicherungsanstalt für Angestellte (RfA) geschaffen. Ihre Organe waren das Direktorium und der Verwaltungsrat (ähnlich der Vertreterversammlung in der späteren Bundesversicherungsanstalt für Angestellte) – in beiden waren Arbeitnehmer und Arbeitgeber gleichberechtigt vertreten – ferner Rentenausschüsse sowie (auf sechs Jahre gewählte) Vertrauensmänner.

Besserstellung, nicht Privilegierung?

Das AVG hatte eine Reihe wichtiger Konsequenzen. Dazu gehören die weiterwirkende sozialpolitische Sonderung der Angestellten von den Arbeitern und ihre materielle Besserstellung. Die Errichtung der RfA und die günstigeren Versicherungsleistungen (neben den genannten Beispielen sind auch umfangreicherere Heilverfahren, Hausgeld u. a.m. zu nennen) schufen soziale Besitzstände. Allerdings war dies nicht schlichtweg eine Privilegierung der Angestellten, denn die Besserstellung wurde durch höhere Beiträge erkauft, die Anwartschaften waren länger, und das Reich leistete – anders als in der Arbeiterversicherung – keinen Zuschuß (vgl. Kapitel II.E.4.).

Berufsgruppenkatalog

Langfristig wohl am bedeutsamsten waren zwei Wirkungen: Zum einen die bis heute fortwirkende rechtspragmatische Unterscheidung der Angestellten von den Arbeitern: Um den Kreis der Versicherten einzugrenzen, listete das AVG die einschlägigen Berufe auf. Es legte fest, daß zu den Angestellten gehören (§ 3): Angestellte in leitender Stellung, Betriebsbeamte, Werkmeister und andere Angestellte in einer ähnlich gehobenen oder höheren Stellung ohne Rücksicht auf ihre Vorbildung, „Bureauangestellte“, soweit sie nicht mit niederen oder lediglich mechanischen Dienstleistungen beschäftigt werden, Handlungsgehilfen und Gehilfen in Apotheken, ferner Bühnen- und Orchestermitglieder ohne Rücksicht auf den Kunstwert ihrer Leistungen, Lehrer und Erzieher und bestimmte Mitglieder von Schiffsbesatzungen. Die Aufzählung, 1924 in einem Berufsgruppenkatalog neu gefaßt und verfeinert, blieb seither in Gebrauch. Wann immer der Gesetzgeber den Kreis der Angestellten festlegte, griff er darauf zurück, z. B. beim Betriebsrätegesetz von 1920. Der Berufsgruppenkatalog wurde so etwas wie die Magna Charta der Abgrenzung von den Arbeitern. Mit ihm war der Begriff des Angestellten auf den Angestelltenversicherungspflichtigen festgelegt.

Stärkere mittelständische Orientierung

Zweitens prägte das AVG die Entwicklung des Selbstverständnisses der Angestellten insofern, als die Erfahrung verbandlich-gewerkschaftlicher Kooperation bei der rund zehnjährigen gemeinsamen Agitation für die Durchsetzung des Gesetzes dazu beitrug, das Selbstbewußtsein, das berufsübergreifende Zusammengehörigkeitsgefühl und die mittelständische Orientierung der Angestelltenbewegung bedeutend zu stärken. Bei der Ausgestaltung des AVG als Angestelltensonderversicherung kooperierten bürgerliche Parteien, die die Angestellten als zunehmend wichtige Wählergruppen gewinnen wollten, mit der Regierung und mit Arbeitgebern, die ihre anfänglich heftige Ablehnung überwanden, um zu verhindern, daß sich Angestellte und Arbeiter solidarisierten. Dies hatten die Sozialdemokratie und die Freien Gewerkschaften vergeblich zu forcieren versucht. Mit dem AVG festigten die Angestellten ihren gesellschaftspolitischen Anspruch als antisozialistisches Bollwerk und „neuer Mittelstand".

D. Zwischenkriegszeit

1. Krisen und Linksruck nach dem Ersten Weltkrieg

Gleichberechtigung

Die Weimarer Verfassung formulierte erstmals die staatsbürgerliche Gleichberechtigung von Mann und Frau und beseitigte die Ausnahmebestimmungen für weibliche Beamte (Art. 109 und 128). Doch in der Praxis wurde die Gleichstellung von Mann und Frau nicht durchgesetzt. Die Benachteiligung des Gesindes war bereits Ende 1918 beseitigt worden.

Krieg und Inflation

Die wichtigsten Kennzeichen der Angestellten in den frühen Nachkriegsjahren waren wirtschaftliche Not und, damit verbunden, Vergewerkschaftung. Der Krieg und seine unmittelbaren Folgen (u. a. die Umstellung auf Friedenswirtschaft, die Wiedereingliederung der zurückkehrenden Soldaten, Arbeitslosigkeit, Schwierigkeiten der Kriegsbeschädigten und -hinterbliebenen) brachten ebenso wie die Inflation, die bereits im Krieg begann und in die Hyperinflation von 1923 mündete, für viele Angestellte die Gefährdung und den Verlust des Arbeitsplatzes, finanzielle Unsicherheit, Verarmung und gesellschaftlichen Abstieg. Krisen bestimmten die Lage vieler unterer und mittlerer, insbesondere weiblicher Angestellter auch nach der Währungsreform, während der „Goldenen Zwanziger" von 1924 bis 1929. Die 1923/24 einsetzende Rationalisierung, mit der Unternehmen und öffentliche Verwaltungen auf die finanziellen Schwierigkeiten nach der Währungssanierung reagierten, erfaßte auch die Angestellten. Dies galt ebenfalls für die Banken- und die Weltwirtschaftskrise ab 1928/29. Die Weimarer Republik brachte, von wenigen Jahren abgesehen, für das Gros der Angestellten keine gute Zeit. Diese reagierten darauf anfangs mit einem Linksruck. Als aber die Unsicherheiten fortdauerten und weiter wuchsen, wandten sich viele rechten und rechtsextremen Kräften zu.

Vergewerkschaftung

Unter den Angestellten breitete sich im Krieg und nach dessen Ende stärker als zuvor Furcht vor Proletarisierung aus und veranlaßte sie, sich gewerkschaftlich zu organisieren. Die Vergewerkschaftung war eine markante Zäsur im Organisationsverhalten der Angestellten.

Fast alle berufsständischen Harmonieverbände gestalteten sich nun zu Gewerkschaften um, um an der „Zentralen Arbeitsgemeinschaft" teilnehmen zu können, in der Arbeitgeber- und Arbeitnehmerverbände ab November 1918 zusammenarbeiteten und die Neuordnung der Wirtschaft beeinflußten: Sie schlossen die Selbständigen aus und erkannten Tarifverträge und Arbeitskampfmittel wie den Streik an. Damit vollzogen sie den gesellschaftspolitischen Modernisierungsschub nach Ende des Kaiserreichs mit. Der Übergang zum Tarifvertragswesen war unter anderem deshalb von grundlegender Bedeutung, weil damit die kollektive Regelung der Arbeitsbedingungen an die Stelle der individuellen trat. Dies markierte auch äußerlich das Ende der Praxis, Angestelltentätigkeiten als besondere Vertrauensstellung persönlich-unterschiedlich zu behandeln.

Alle Angestelltengewerkschaften fanden 1918 bis 1923 gewaltigen Zuspruch. Anschließend nahmen die Mitgliederzahlen ab, in der Weltwirtschaftskrise stiegen sie erneut an, doch nicht mehr so stark wie nach dem Krieg. Der Organisationsgrad der Angestellten schnellte nach Kriegsende empor, ging 1922 bis 1925 zurück, stagnierte sodann bis 1927 und stieg seitdem wieder an. Der ZdH, der sich im Herbst 1919 in „Zentralverband der Angestellten" (ZdA) umbenannte, wuchs von rund 25000 Mitgliedern 1913 auf 363000 1920, der DHV von rund 150000 vor 1914 auf 250000 1920. Alle Angestelltenverbände zusammen hatten 1913 907383 Mitglieder, 1919 bzw. 1920 waren es 871791 bzw. 1436780 und 1925 sowie 1928 1378215 bzw. 1528172. Zugleich schlossen sich die beruflich, regional und lokal bislang stark zersplitterten Organisationen mehr und mehr zusammen. Sie gruppierten sich zu drei großen, weltanschaulich unterschiedlichen Richtungsgewerkschaften, die mit den entsprechenden Arbeitergewerkschaften in Dachverbänden kooperierten. Die Anfänge lagen auch hier im Kaiserreich, doch nun entfalteten sie sich [die folgenden Zahlen nach 215: PRIAMUS, Angestellte, 104]: 1) Der freigewerkschaftlich-sozialistische „Allgemeine freie Angestellten-Bund" (AfA-Bund, gegründet 1921, Vorläufer war eine 1917 gegründete Arbeitsgemeinschaft) organisierte sozialistische, in der Regel konfessionell nicht gebundene („freie") Angestellte. 1920 hatte er 689806, 1926 400155 und 1931 434974 Mitglieder. Ihm gehörten u.a. der „Zentralverband der Angestellten" (ZdA), der „Deutsche Werkmeister-Verband" (DWV) und der „Bund der technischen Angestellten und Beamten" (Butab) an. Er kooperierte mit dem sozialistischen „Allgemeinen Deutschen Gewerkschaftsbund" (ADGB), dem „Allgemeinen Deutschen Beamtenbund" und dem „Internationalen Gewerkschaftsbund" (Amsterdam). 2) Der

Richtungsgewerkschaften

AfA-Bund

GDA gemäßigt-mittelständische „Gewerkschaftsbund der Angestellten" (GDA, 1920 gegründet) war freiheitlich-demokratisch und national, antinationalistisch und antivölkisch orientiert. 1921 hatte er 300357 Mitglieder, 1926 waren es 275352 und 1931 327742. Er organisierte vornehmlich kaufmännische und Büroangestellte. Zu ihm gehörte unter anderem der „Verband Deutscher Handlungsgehilfen". Er kooperierte mit dem „Verband der deutschen Gewerkvereine (Hirsch-Duncker)" und dem „Ring Deutscher Beamtenverbände" im „Gewerkschaftsring Deutscher Arbeiter-, Angestellten- und Beamten-Verbände" als freiheitlich-nationalem Dachverband. 3) Bürgerlich-ständisch und christlich-national war der „Gesamtverband deutscher Angestelltengewerkschaften" (Gedag, gegründet 1919) ausgerichtet. 1920 hatte er 463199 Mitglieder, 1926 418700 und 1931 593800. Ihm gehörten unter anderem der DHV an, der den Gedag maßgeblich bestimmte, sowie der „Verband der weiblichen Handels- und Büroangestellten" (VWA), der „Deutsche Werkmeister-Bund" und der Bankbeamtenverein. Er kooperierte mit dem „Gesamtverband der christlichen Gewerkschaften Deutschlands" und dem „Gesamtverband Deutscher Verkehrs- und Staatsbediensteter" im „Deutschen Gewerkschaftsbund"(DGB), der Dachorganisation der christlich-nationalen Gewerkschaften.

Gedag

Begrenzter Linksschwenk

Den weitaus stärksten Zustrom hatten also die sozialistischen Gewerkschaften. Man kann von einem Linksschwenk der Angestellten im Krieg und in der frühen Weimarer Republik sprechen. Doch dieser war begrenzt: In ihren Forderungen gingen die meisten Verbände nicht so weit wie die Arbeitergewerkschaften. Keine Angestelltenorganisation verschmolz organisatorisch mit der entsprechenden Arbeiterorganisation, auch nicht der linke AfA-Bund – trotz der intensiven Vergewerkschaftung und der engen Kooperation mit den Arbeitergewerkschaften. Die Befürchtungen der Mitglieder waren stärker, solche Verbindungen brächten Statuseinbußen und ließen die Identität als Angestellte verblassen.

RDA

Neben diesen drei Richtungen bestand der „Reichsbund Deutscher Angestellten-Berufsverbände" (RDA) als Einzelverband und zugleich Spitzenorganisation für den Gesamtverband vaterländischer Angestelltenvereine und andere. Er hatte 1922 53244 Mitglieder, 1926 61714 und 1931 72857. Die „Vereinigung der leitenden Angestellten" (Vela, 1918 gegründet) war ebenfalls zugleich Einzelverband und Spitzenorganisation von Verbänden leitender Angestellter. 1913 hatte die Vela 13100 Mitglieder, 1926 21600 und 1931 31350. Sie war im strengen Sinne keine Gewerkschaft, sondern eine be-

Vela

rufsständische Organisation. Neben der allgemeinen Interessenvertretung organisierte sie Altersversorgung, Krankenhilfe und eine Sterbekasse.

Angestelltenmilieus

Im Zuge der Vergewerkschaftung bauten die Richtungsgewerkschaften weit stärker als im Kaiserreich das Geflecht eigener Vereine, Genossenschaften, Versorgungseinrichtungen etc. aus, zum Beispiel Konsum-, Wohnungsbaugenossenschaften und Sportvereine. Sie versuchten damit zum einen, die Versorgungsschwierigkeiten der Kriegs- und Nachkriegsjahre zu überwinden, und zum anderen, der unternehmerischen Sozialpolitik eigene, gewerkschaftliche Identifikationsangebote entgegenzustellen. Dies verfestigte die weltanschaulich getrennten Angestelltenmilieus weiter.

Gehaltsnivellierung

Die Steigerung der Gehälter hatte schon im Krieg nicht mit derjenigen der Löhne Schritt gehalten. Dies setzte sich fort. Die Ursache bestand wahrscheinlich darin, daß die Arbeitergewerkschaften schlagkräftiger als die Angestelltenverbände waren. Zudem brachte die Inflation eine tendenzielle Nivellierung der Löhne und Gehälter, bei den Angestellten (und Beamten) stärker als bei den Arbeitern. Der Vorsprung der oberen Einkommen – der höheren Angestellten und Beamten ebenso wie der Facharbeiter – ging gegenüber den unteren zurück. Die Zeitgenossen sahen die Ursache meist darin, daß die Gewerkschaften bei ihren Lohnforderungen die unteren, eher zu Radikalität neigenden Lohn- und Gehaltsempfänger begünstigt hätten. Tatsächlich aber versuchten die Gewerkschaften eher, Gehaltssteigerungen auf der Basis der oberen Gehaltsgruppen durchzusetzen in der Hoffnung, daß dies dem Gehaltsniveau insgesamt zugute komme. Im Ergebnis jedoch orientierten sich die Tarifverhandlungen, auch die staatliche Zwangsschlichtung seit 1923, in erster Linie daran, das Existenzminimum zu sichern. Deshalb kam es meist zu einer Erhöhung auf der Basis der Geringverdienenden.

2. *Die Rationalisierungskrise der zwanziger Jahre*

Die Hyperinflation von 1923 hatte die Lohnkosten zu einem wenig bedeutsamen Faktor gemacht und den Unternehmen eine scharfe Kalkulation erspart. Mit der Konsolidierung der Währung wurde dies anders. Unter dem Kostendruck des Wettbewerbs, auch auf den Weltmärkten, unternahmen die Betriebe nun umfassende, die ausländische Entwicklung seit Kriegsende nachholende Rationalisierungsanstrengungen, die stark vom Vorbild der USA beeinflußt waren. Die Stabilisierungskrise betraf sowohl die technischen Berufe und Arbeitsprozesse als auch die kaufmännischen, und sie hatte Auswirkungen auf die Diskussion über die gesellschaftliche Stellung der Angestellten.

Taylorismus

Tayloristische Ansätze setzten sich jetzt auch in Deutschland schneller und stärker durch als vor 1914, u.a. die Trennung von Planung und Ausführung, von Konstruktionsbüro und Werkstatt. Der Übergang von der „Meister-" zur „Ingenieurwirtschaft" beschleunigte sich: an die Stelle langjähriger Erfahrung trat die Schulung; versachlichte, formalisierte, genormte Organisation verdrängte die personale. Die Meister wurden mehr und mehr zu ausführenden, selbst Kontrollen unterworfenen Organen des Arbeitsbüros.

Rationalisierung der Büroarbeit

Seit 1923/24 wurde erstmals die Büroarbeit umfassend rationalisiert: durch Zerlegung, Normierung und Kontrolle der Arbeitsvorgänge mit Hilfe von Formularen und Karteien, durch Einführung von Rechen- und Buchungsmaschinen, Hängeregistraturen etc. Die Mechanisierung der Büroarbeit erfaßte nun auch die Banken und Sparkassen. Sie hatte ähnliche Auswirkungen wie die vorausgegangene Mechanisierung der Produktion: Dequalifikation, Aufspaltung mehr oder weniger ganzheitlicher Vorgänge in Teilprozesse, wachsende Ersetzbarkeit des einzelnen.

„Human Engineering" und „Psychotechnik"

Neben den technisch-organisatorischen Abläufen wurde in den zwanziger Jahren auch die „Menschenführung" im Betrieb nach angelsächsischem Muster rationalisiert: „Human Engineering" als Ergänzung des „Industrial Engineering". Dies betraf die berufliche Auswahl, die Beziehungen zwischen Arbeitgebern und Arbeitnehmern sowie zwischen der Belegschaft und den Betriebsabläufen. „Psychotechnik" sollte vornehmlich die Eignung der Beschäftigten für die jeweiligen Arbeitsanforderungen und -prozesse messen. 1925 wurde das „Deutsche Institut für technische Arbeitsschulung" (Dinta) gegründet. Es diente nicht nur der Verbesserung der Facharbeiterausbildung, sondern auch, allgemeiner, der ingenieurmäßigen Organisation des Betriebs, der Ein- und Unterordnung der Belegschaft im Sinne der Gefolgschaftsidee. 1934 wurde das Dinta als „Amt für Berufserziehung und Betriebsführung" in die Deutsche Arbeitsfront eingegliedert.

Dinta

Eine Besserstellung gegenüber den Arbeitern erreichten die Angestellten 1926 durch die gesetzliche Einführung von Mindestfristen für die Kündigung durch den Arbeitgeber (gestaffelt von drei bis sechs Monaten nach fünf bis zwölf Beschäftigungsjahren). In der Praxis aber blieben die Angestellten von Gehaltseinbußen und Stellenabbau nicht verschont. Überaus viele machten in den Krisen 1923/24 und seit 1928/29 die Erfahrung, daß ihre wirtschaftliche Situation und ihr Arbeitsplatz nicht nur gefährdet waren, sondern daß sie Stellung und Gehalt tatsächlich verloren. Im öffentlichen Dienst schuf die „Personalabbauverordnung" vom 27. Oktober 1923 einschneidende Möglichkeiten, Gehälter und Altersbezüge zu reduzieren sowie Personal zu entlassen, insbesondere verheiratete Beamtinnen bzw. Lehrerinnen. Bis zum 31. März 1931 wurden bei der allgemeinen Reichsverwaltung, Reichsbahn und Reichspost 49,7% der Angestellten, 32,9% der Arbeiter und 16,3% der Beamten entlassen. Dies wirkte sich vornehmlich zu Lasten von Frauen aus. Ähnliches gilt für die „Doppelverdienerkampagnen" unmittelbar nach dem Ersten Weltkrieg sowie seit 1926: In den Zeiten hoher Arbeitslosigkeit wurde versucht, verheiratete weibliche Angestellte (und Beamtinnen) aus der Erwerbsarbeit hinaus zu drängen.

Personalabbauverordnung 1923

3. *Politische Radikalisierung nach Rechts: die Angestellten vor dem Nationalsozialismus*

In der Weltwirtschaftskrise drohte die befürchtete Proletarisierung Realität zu werden. Anfang 1931 mußten die Angestellten angesichts der hohen Arbeitslosigkeit den Abbau von übertariflichen Zahlungen, Leistungs- und Alterszulagen hinnehmen, Mitte 1931 die Reduzierung der tariflichen Grundgehälter. Die schwerstwiegende Folge der Wirtschaftskrise für die Gehälter hatte die Vierte Notverordnung des Reichspräsidenten „zur Sicherung von Wirtschaft und Finanzen und zum Schutz des inneren Friedens" vom 8. Dezember 1931. Sie schrieb unter anderem die Senkung der Tariflöhne und Gehälter auf den Stand vom 10. Januar 1927 vor. Dies bedeutete eine Kürzung von zehn bis 15 Prozent.

Gehaltsabbau 1931/32

Zudem blieben auch ältere Angestellte nicht mehr von Entlassung verschont. Die Praxis, die Gehälter mit fortschreitender Beschäftigungsdauer anzuheben, wirkte sich nun gegen die älteren und somit teureren Kräfte aus. In der Krise entließen viele Unternehmen ältere, besser bezahlte Angestellte und ersetzten sie durch jüngere mit niedrigeren Gehältern. Die Weltwirtschaftskrise brachte die wohl spürbarsten Einbußen bei der Lebenshaltung und der gesellschaftlichen Sicherung und die einschneidendste Beeinträchtigung des Sonderbewußtseins der Angestellten. Daß diese nun massenhaft die Erfahrung machten, entlassen zu werden, war neu. Viele Angestellte reagierten verzweifelt. Die Selbstmordrate stieg.

Entlassungen

Allerdings traf die Krise im großen ganzen Arbeiter stärker als Angestellte. Zudem konnten die Angestellten eine wichtige materielle Besserstellung nun auf Dauer sichern: Um die Krankenkassen in der Weltwirtschaftskrise von Krankengeldzahlungen zu entlasten, erklärten

Entgeltfortzahlung im Krankheitsfall

die Notverordnungen vom 1. Dezember 1930 und 5. Juni 1931 die (bestehende) Praxis für unabdingbar, daß die Arbeitgeber den Angestellten im Krankheitsfall das Gehalt sechs Wochen lang (ohne Karenztage) weiterzahlten. Arbeiter hingegen hatten keinen Anspruch auf Entgeltfortzahlung. Sie erhielten, wenn nichts anderes mit dem Arbeitgeber vereinbart war, das weit niedrigere Krankengeld der Krankenkassen: seit 1903 50% des Nettoarbeitsentgelts, zuzüglich Zuschlägen für Familienangehörige. Im übrigen erhielten die Arbeiter das Krankengeld erst nach drei Karenztagen. Diese wichtige Statusdifferenz konnten die Arbeiter erst in der Bundesrepublik überwinden.

Daß sich die Abgrenzung vom Arbeiter dennoch verhärtete, ist weniger ökonomisch, stärker politisch und mental zu erklären. Die Erfahrungen, die die Angestellten während der Inflation und, mehr noch, während der Weltwirtschaftskrise machten, führten nicht dazu, daß sie sich nun dezidiert als arbeiterähnliche Arbeitnehmer verstanden. Vielmehr grenzten sie sich um so stärker ab. Nun erlangten zum einen die traditionellen, mittelständischen Berufsverbände wieder größeres Gewicht. Zum anderen fiel die Agitation der Nationalsozialisten bei vielen Angestellten auf fruchtbaren Boden.

4. Ständische Abgrenzung und „Volksgemeinschaft"

Als die Nationalsozialisten die Macht in Händen hatten, verstärkten sie nicht, wie von vielen Angestellten erhofft, deren berufsständische Abgrenzung. Vielmehr zerschlugen sie die Angestelltenorganisationen aller Richtungen ebenso wie die Arbeitergewerkschaften. Sie schalteten sie in der Deutschen Arbeitsfront (DAF) gleich und ordneten sie in das System ihrer politischen Herrschaft ein. Sie nahmen Funktionäre aller drei weltanschaulichen Richtungen der Angestelltengewerkschaften in „Schutzhaft". Sie liquidierten die Tarifhoheit der Verbände, setzten „Treuhänder der Arbeit" ein, beseitigten die Weimarer Ansätze der betrieblichen Mitbestimmung, setzten das Führer- und Gefolgschaftsprinzip in den Unternehmen durch und schränkten dort die Gruppenrechte der Angestellten ein. Auch in der RfA führten die Nationalsozialisten das Führerprinzip ein und schafften sie die Selbstverwaltung ab. Im Kontext der NS-„Volksgemeinschaft" setzten sie an die Stelle der mittelständischen Angestelltenideologie die nationalsozialistische Arbeits- und Leistungsideologie, um zu verhindern, daß kollektive, status- und interessenbezogene Identitäten weitergetragen würden und die Durchherrschung der Gesellschaft störten. Die NS-Arbeitsideologie setzte Berufsehre und -ideologie über die spezifischen Angestelltenbe-

Gleichschaltung

NS-Arbeitsideologie

lange. Die letzteren wurden lediglich in geringem Umfang, durch organisatorische und rhetorische Sonderungen, aufgefangen.

Das ursprüngliche Aufgreifen der Angestelltenideologie durch die Nationalsozialisten entpuppte sich somit als wahltaktischer Schachzug. Die Angestelltenpolitik des Regimes war eher „eine Anti-Statuspolitik" [81: PRINZ, Stand, 348]. Die Nationalsozialisten versuchten, das Statusgefälle zwischen Angestellten und Arbeitern zu reduzieren. Es gelang ihnen, einige Vorteile der Angestellten abzuschwächen (u.a. bei der Urlaubsgewährung und beim Lohnausgleich für nationale Feiertage). Die DAF organisierte ihre Freizeitprogramme („Kraft durch Freude" etc.) nicht entlang berufsständischer Differenzierungen, sondern im nationalsozialistisch-volksgemeinschaftlichen Sinne. Allerdings wurden die Entlohnungsunterschiede offenbar nicht eingeebnet, wie dies im Ersten Weltkrieg der Fall gewesen war, sondern durch das Einfrieren der Tarifverträge perpetuiert. Die mentale Abgrenzung wurde freilich nicht abgestreift; vermutlich bestand sie jenseits der offiziellen Propaganda weiter. Doch die Angestellten und ihre gleichgeschalteten Vertretungen waren in der NS-Zeit nicht imstande, Ansprüche auf besondere soziale Geltung offensiv zu vertreten.

Verminderung des Statusgefälles

E. Die Entwicklung seit 1945: die Angestellten in der Arbeitnehmergesellschaft

1. Wirtschaftlich-gesellschaftliche Lage

Die Gesellschaft der Bundesrepublik entwickelte sich nach dem gewerblich geprägten Wiederaufbauboom der fünfziger und frühen sechziger Jahre zu einer postindustriellen Dienstleistungsgesellschaft. Seit Mitte der siebziger Jahre arbeiten mehr Menschen im Dienstleistungsbereich als im produzierenden Gewerbe. Die Angestellten gewannen dadurch größeres Gewicht als je zuvor und prägten die Arbeitnehmergesellschaft in arbeits- und sozialrechtlicher, kultureller und anderer Hinsicht allmählich mehr und mehr.

SBZ/DDR

In der SBZ/DDR waren traditionelle Unterschiede schon früh und radikal eingeebnet worden, insbesondere durch Einführung der Einheitsversicherung, wenngleich diese bis zuletzt am Namen „Sozialversicherung der Arbeiter und Angestellten" festhielt. Die SBZ/DDR propagierte das Leitbild des Industriearbeiters (neben demjenigen des Bauern) und begünstigte ihn auf vielen Feldern, u.a. bei der Entlohnung und im Bildungswesen. Sie schaffte den Beamtenstatus ab und versuchte, einen einheitlichen gesellschaftlichen Lohnarbeitertypus durchzusetzen. Die wichtigsten Mittel waren die Schaffung der Einheitsversicherung (bereits 1946 auf Länder-, 1948 auf der Zonenebene) und die Beseitigung von Unterschieden zwischen den Berufsgruppen im Arbeitsrecht, bei der gewerkschaftlichen Organisation etc. Die Politik gegenüber der „Intelligenz" war lange zwiespältig. Sie umfaßte Diskriminierung ebenso wie Bevorzugung. Allerdings gewannen seit Ende der sechziger Jahre gesellschaftliche Differenzierungen auch offiziell wieder mehr Kontur. Die DDR-Statistik hob die „sozialistische Intelligenz" aus dem einheitlichen Typ von Erwerbstätigen heraus; sie bezeichnete damit die „geistig-schöpferischen" bzw. leitenden Funktionen, nicht die „geistig-repetitiven" Tätigkeiten. Seit Beginn der achtziger Jahre verstärkte sich die gesellschaftliche Differenzierung; neben der politischen Elite wurde auch die wissenschaftliche wieder stärker gefördert, was sich in Unterschieden der Einkommen, Arbeits- und Wohnverhältnisse konkretisierte. Doch die gesellschaftlichen Fraktionierungen in der DDR waren von anderen Faktoren als der „Kragenlinie" bestimmt.

Industrielle Angestelltenarbeit – Tertiärisierung – Sozialstaat

Der Wandel zur Angestelltengesellschaft wurde von drei breiten Entwicklungsströmen gespeist: Erstens gewann die Arbeit der Angestellten in den gewerblichen Unternehmen stark an Bedeutung. Durch Rationalisierung, Automation etc. wurden viele gewerbliche Arbeitskräfte verdrängt. Hingegen nahmen konstruktive, planende und koordinierende Tätigkeiten zu. Dieser Wandel prägte die betriebliche Entwicklung bis in die siebziger Jahre. Anschließend trat, zweitens, der tertiäre Sektor in zwei Schüben in den Vordergrund: Anfangs nahmen die „klassischen" Dienstleistungen im Handel, Kredit- und Versicherungswesen besonders stark zu; neue Versicherungen entstanden; die Reisebranche und die Wohnungswirtschaft sowie -verwaltung dehnten sich aus. Seit den achtziger Jahren wuchsen sodann die „neuen" Dienstleistungssparten stürmisch: Medien, Unterhaltung, Kommunikation und Beratungsdienste (Steuer-, Rechts-, Kapitalanlageberatung etc.). Drittens expandierten, parallel zu diesen beiden Entwicklungen, die Angestelltenzahlen bei Bund, Ländern, Kommunen und den Sozialversicherungsträgern durch die Ausdehnung des Sozialstaats (u. a. Einführung neuer Leistungen wie Wohngeld, Pflegeversicherung) und den Ausbau der Bildungs- und Kultureinrichtungen.

Beispiel Kreditwesen

Als Beispiel für eine besonders stark expandierende Branche sei das Kreditwesen genannt: Die Institute weiteten ihr Filialnetz bis 1973 bedeutend aus und gingen „aufs Land". Nach dem quantitativen Wachstum der siebziger Jahre folgte in den achtzigern eine qualitative Intensivierung (intensivere Kundenkontakte, bessere, auch EDV-gestützte Beratung). Parallel dazu wurden Bankleistungen externalisiert (Geldausgabeautomat, Kontoauszugsdrucker) und verschränkten sich Bank- und Versicherungsdienstleistungen im Rahmen von Allfinanzkonzepten. Von den Angestellten wurde in der Stabilisierungsphase nach 1973 kaum jemand entlassen. Doch ihr Aufgabenkreis erweiterte sich zusehends, er wurde stärker zergliedert, weiter rationalisiert und formalisiert. Einfache Tätigkeiten nahmen ab, Beratungsarbeiten zu. Die Aufgaben wurden komplexer, die Anforderungen an Wissen und Können wuchsen, die Weiterbildung gewann an Bedeutung. Die Arbeit wurde dadurch einerseits interessanter, andererseits fühlten sich manche älteren Angestellten überfordert und gingen in den vorzeitigen Ruhestand.

Parteien und Angestellte

Seit 1987 gibt es in der Bundesrepublik mehr Angestellte als Arbeiter. Das hat wichtige Konsequenzen. Die politischen Parteien orientieren sich am wachsenden Wählerpotential der Angestelltengesellschaft. Davon konnte die CDU/CSU lange stark profitieren; in besonderem Umfang gilt dies offenbar auch für die Grünen, nur zum Teil hingegen für die FDP. Besonders deutlich war die Öffnung der Sozialdemokratie als Arbeiterpartei, um die Chance zur Mehrheitsbildung zu behalten. Die Umorientierungen haben weitreichende Folgen, denn mit der Öffnung für breite Zielgruppen verliert die Programmatik zwangsläufig an Profil.

Außenabgrenzung tritt zurück – Binnengrenzen werden deutlicher

Daß es heute mehr Angestellte als Arbeiter gibt, verändert auch ihre Selbsteinschätzung und Interessenartikulation. In der Position der „neuen Mehrheit“ haben es die Angestellten leichter, ihre Interessen durchzusetzen. Die Furcht, von den Arbeitern majorisiert zu werden, wurde obsolet. Der Wunsch verblaßte, rechtliche und andere Grenzlinien als Schutz vor Proletarisierung zu errichten oder aufrecht zu erhalten. Die Bedeutung der „Kragenlinie“ ließ nach. Die dezidiert (berufs- und mittel-)*ständische* Orientierung trat zurück. Dazu trugen auch der erreichte wirtschaftliche Wohlstand und Veränderungen der Qualifikationen und Tätigkeiten bei. Allerdings zeichneten sich mit dem Wachstum der Angestelltenzahlen die internen Grenzlinien im Selbstverständnis der Betroffenen stärker ab. Unterschiede von Qualifikation, Berufszweig und -position, Einkommen und Status gewannen an Gewicht, neue Abgrenzungen entstanden. Ähnliches gilt, wenn auch weniger deutlich, für Abstufungen zwischen den Berufen.

Aus dem gesellschaftlichen Wandel nach dem Zweiten Weltkrieg kristallisieren sich sechs Haupttrends heraus:

Zunahme der Manager

1) Die Ablösung des Eigentümer-Unternehmers durch den Manager setzte sich fort und verstärkte sich. Denn zum einen nahm die Zahl

der Unternehmen zu, die sich auf Grund von Kapitalbedarf in Kapitalgesellschaften umwandelten; zum andern wuchsen die bestehenden Großunternehmen etc. durch fortschreitende Konzentration. Beides stärkte die Angestellten.

Fortschreitende „Feminisierung"

2) Die Frauenarbeit nahm bedeutend zu. So waren z. B. 1950 im öffentlichen Dienst 19, 1988 42% der Beschäftigten Frauen. Doch in den Spitzenpositionen blieben Männer dominant. Die „Feminisierung" drang zwar mehr und mehr auch in die höheren Ränge vor, scheint jedoch mit zunehmender Höhe der Position zu versanden. So waren 1990/91 nur 5,9% der deutschen Spitzenmanager weiblich. Auch im mittleren Management waren es nur 7,8%.

Rationalisierung und Umstrukturierung der Arbeitsplätze

3) Gegenwärtig befindet sich etwa die Hälfte aller Arbeitsplätze in Deutschland in Büros. Die Vermehrung der Angestellten- (und Beamten-)Arbeitsplätze scheint sich in Zukunft nicht weiter, jedenfalls nicht im bisherigen Umfang fortzusetzen, zumal der Bürobereich noch erhebliche Produktivitätsreserven birgt. Seit den achtziger Jahren zeigt der Rationalisierungsdruck auch dort nachhaltig Wirkung. Mikroelektronik, Computerisierung der Textverarbeitung und der Kommunikation sowie andere arbeitssparende Instrumente bewirken, daß auch im Angestelltenbereich Produktivitätssteigerungen stärker durch Rationalisierung als durch Schaffung neuer Arbeitsplätze erzielt werden. An die Stelle der weiteren Vermehrung von Bürotätigkeiten scheinen der Abbau von Büroarbeitsplätzen und qualitative Umstrukturierungen zu treten. Dazu gehört die weitere Verbreitung von Teilzeitarbeit, nicht nur für Frauen. So hat sich im öffentlichen Dienst die Zahl von Frauen mit Teilzeitarbeit 1950 bis 1988 verzwölffacht, während sich ihre Vollzeitarbeitsplätze gleichzeitig „nur" verdreifachten. Zu den qualitativen Veränderungen gehören ferner der weitere Ausbau der EDV und der Datenübertragung und die Dezentralisierung der Arbeitsplätze.

Teilzeitarbeit

Seit einigen Jahren versuchen die Unternehmen, eine spezifische „Unternehmenskultur" zu entwickeln und zu stärken und die Mentalität der Beschäftigten zu beeinflussen, um die Identifikation mit den Unternehmenszielen zu fördern und um zu größerem Einsatz für die übertragenen Aufgaben zu motivieren.

Unternehmenskultur

Einkommensentwicklung

4) Der Lohn- und Gehaltsstop der Vorkriegszeit galt für Angestellte im wesentlichen bis Frühjahr 1949 fort. Da er für viele Arbeiter schon bald nach Kriegsende gelockert worden war und da die Löhne Anfang der fünfziger Jahre stark stiegen, kam es zu einer Annäherung der Einkommen von Angestellten und Arbeitern und zu Klagen über Unterbewertung der Angestelltenarbeit. Im nachfolgenden Wirtschaftsboom verstummten diese Klagen, die Einkommen der Arbeitnehmer

wuchsen stark. Dabei näherten sich die mittleren Einkommen beider Gruppen einander an, doch die Gehaltsskala der Angestellten spreizte sich immer stärker.

Konsumverhalten

5) Auch beim Konsumverhalten und beim Lebensstil verwischten sich in der Wohlstandsgesellschaft Unterschiede, die in der Vergangenheit markante Grenzlinien zwischen den gesellschaftlichen Schichten gezogen hatten. Die Haushaltsausgaben der Angestellten und der Arbeiter setzten sich – abgesehen von den Ausgaben für Wohnen und für kulturelle Veranstaltungen wie den Theaterbesuch – in etwa ähnlich zusammen. Dies gilt auch für die Ausstattung der Haushalte mit Ausnahme des Besitzes von Büchern. Kulturelle und Statusunterschiede drücken sich heute offenbar stärker zwischen gesellschaftlichen Positionen und damit auch innerhalb der Angestelltenschaft aus.

Ausbildung

6) Bis zu den späten 1960er Jahren unterschieden sich die Angestellten beim Bildungs- bzw. Ausbildungsstand deutlich von den Arbeitern. Vergleicht man die Beschäftigten in ähnlichen Berufsstellungen, so verfügten Angestellte weit häufiger als Arbeiter über eine die elementare Schulbildung und die Lehre überschreitende Ausbildung (z.B. Fachschulbesuch). Auch diese Unterschiede traten seit den siebziger Jahren zurück. Zugleich wurde die Weiterbildung immer wichtiger. Die Anforderungen an Wissen und Können der Angestellten nahmen stark zu. Die Hochschulausbildung gewinnt weiter an Gewicht; die Akademisierung der Manager schreitet voran.

2. *Gewerkschaftliche Organisation*

Die Angestellten wollten ebenso wie die Arbeiter nach 1945 die Spaltung der Gewerkschaftsbewegung in die drei weltanschaulich-politischen Richtungen der Weimarer Zeit nicht wieder aufleben lassen. In berufsständischer Hinsicht aber gab es Dissens. Nach heftigen Diskussionen, ob man sich zusammen mit den Arbeitern oder separat, ob man sich innerhalb oder außerhalb des DGB organisieren solle, spalteten sich die Angestellten. Ein Teil votierte dafür, gemeinsame Organisationen mit den Arbeitern zu gründen, und engagierte sich in den entstehenden Industriegewerkschaften, die unter dem Dach des DGB für die jeweilige Branche Arbeiter und Angestellte gemeinsam organisieren und dabei für die letzteren Angestelltensekretariate und -ausschüsse einrichteten. Das Schwergewicht lag bei der 1949 gegründeten Gewerkschaft HBV. Ein anderer Teil fürchtete, von den zahlreicheren Arbeitern majorisiert zu werden; die Eigenständigkeit der Angestellten sollte erhalten bleiben. Sie gründeten 1949 – nach regionalen Vorläu-

Angestellten- oder Industriegewerkschaft?

Gründung der DAG

fern seit 1945 – die DAG als zonenübergreifende eigene, die weltanschaulichen und konfessionellen ebenso wie die Berufsgrenzen überschreitende („Einheits"-)Gewerkschaft für die Angestellten.

Organisationsgrad

Der Organisationsgrad der Angestellten hatte den Höchststand in den frühen fünfziger Jahren (1953 27,9%), sank dann und schwankt seit den späten Fünfzigern um 20 Prozent (1995: 3,59 Mio. = 21,4%). Der DGB organisierte von Anfang an die meisten: der Anteil wuchs von rund 60% aller organisierten Angestellten in den Fünfzigern auf 73,9% 1995 (2,65 Mio.). Der Schwerpunkt liegt bei Technikern, Werkmeistern, Betriebs- und öffentlichen Angestellten. Die DAG konnte in den Fünfzigern rund 38% der Angestellten-Gewerkschaftsmitglieder gewinnen, überwiegend kaufmännische Angestellte und solche des Kreditwesens. Der Anteil ging langfristig zurück, 1995 waren es nur noch 14,1% (0,51 Mio.). Weitere Angestellte sind Mitglied im Deutschen Beamtenbund und im Christlichen Gewerkschaftsbund (1995: 0,28 Mio. = 7,8% bzw. 0,15 Mio. = 4,2%).

Zusammenschluß zur Dienstleistungsgewerkschaft

Als in den 1990er Jahren der gewerkschaftliche Organisationsgrad zurückging, die Erwerbstätigkeit zunehmend umstrukturiert und vernetzt wurde und viele Arbeitgeber danach strebten, den Flächentarifvertrag durch betriebliche Vereinbarungen abzulösen, versuchten die Angestelltengewerkschaften ihre Schlagkraft durch Fusion zu stärken: 1998 vereinbarten die Vorsitzenden von fünf DGB-Gewerkschaften (ÖTV, HBV, DPG, GEW und IG Medien) und der DAG, ihre Organisationen zum Jahr 2000 im DGB zu einer Gewerkschaft für Dienstleistungen zusammenzuschließen. Die Gewerkschaft der Eisenbahner Deutschlands (GdED) vollzog diesen Schritt nicht mit; die GEW wandte sich inzwischen von dem Vorhaben ab. Die neue Organisation heißt „Vereinigte Dienstleistungsgewerkschaft" (Ver.di) und ist regional in drei Ebenen (Bezirke, Landesbezirke und Bund) und inhaltlich in zwölf oder 13 Fachabteilungen gegliedert. Mit dem Zusammenschluß, dem die Gewerkschaftstage Ende 1999 zustimmten, entsteht die größte deutsche Einzelgewerkschaft. Ihre fünf Vorläuferorganisationen hatten zu Anfang des Jahres 2000 etwa 3,2 Mio. Mitglieder.

3. Das Ende der arbeits- und sozialversicherungsrechtlichen Separierung

Die verbliebenen arbeits- und sozialversicherungsrechtlichen Barrieren zwischen den Angestellten und den Arbeitern wurden in der Bundesrepublik fast vollständig abgetragen. Dies betrifft vornehmlich die Entgeltfortzahlung im Krankheitsfall, die Kranken- und die Rentenversicherung. 1990 erklärte das Bundesverfassungsgericht die Ungleichbehandlung von Arbeitern und Angestellten als mit dem Grundgesetz unvereinbar.

Entgeltfortzahlung

1954 verlangte der DGB, die Arbeiter den Angestellten bei der Entgeltfortzahlung im Krankheitsfall gleichzustellen. Die ersteren erhielten nach drei Karenztagen 50% des Lohns von der Krankenkasse, die letzteren sechs Wochen lang Gehaltsfortzahlung vom Arbeitgeber. 1956/57 streikten die Metallarbeiter in Schleswig-Holstein vier Monate lang für diese und andere Forderungen. Die großen politischen Parteien akzeptierten sie im Grundsatz. Doch strebte die CDU/CSU eine versicherungsrechtliche, die SPD eine arbeitsrechtliche Lösung an. Das Ergebnis war ein Kompromiß („gespaltene Lösung"): das Krankengeld der Arbeiter wurde 1957 auf 65% des Grundlohns (zuzüglich Familienzuschlägen) erhöht (die Arbeitgeber mußten nun einen Zuschuß zahlen), die Gesamtleistung auf 90% des Nettoarbeitsentgelts angehoben. Es gab nur noch zwei Karenztage. Diese entfielen, wenn man länger als 14 Tage krank war. 1961 wurde die Gleichstellung faktisch durchgesetzt: die Arbeiter erhielten bei krankheitsbedingter Arbeitsunfähigkeit 100% des Nettolohns (wie bisher zu 2/3 von den Krankenkassen, doch nun auch zu 1/3 von den Arbeitgebern), es gab nur noch einen Karenztag, und die Dauer der Krankengeldzahlung wurde ausgedehnt. Versicherungsrechtlich waren damit die Unterschiede zwischen den Angestellten und den Arbeitern de facto auf einen marginalen Rest geschrumpft. Die „arbeitsrechtliche Lösung" wurde nach mehreren Anläufen mit dem Lohnfortzahlungsgesetz 1969 verwirklicht. Seither zahlen die Arbeitgeber den Arbeitern wie den Angestellten im Krankheitsfall sechs Wochen lang, ohne Karenztage, das Arbeitsentgelt weiter. Die Regelungen für die Angestellten waren dabei Vorreiter für die Besserstellung der Arbeiter.

Krankenversicherung

Auch die Krankenversicherung wurde vereinheitlicht. Hier hatten die Angestellten-Ersatzkassen eine Vorreiterfunktion. Sie wurzeln in den freien Hilfskassen des 19. Jahrhunderts. Als 1883 die gesetzliche Krankenversicherung entstand, blieben die Hilfskassen neben dieser bestehen. Mit der RVO 1911 wurden sie als Ersatzkassen neben den Pflichtkassen de facto Träger der gesetzlichen Krankenversicherung. 1937 erlangten sie den Status von Körperschaften des öffentlichen Rechts. Obwohl sie sich dem Rechtsstatus der RVO-Kassen immer mehr annäherten, wahrten sie ihre Eigenart (freiwillige Mitgliedschaft, spezifische Kassenstrukturen). Wer einer Ersatzkasse angehört, kann sich von der Pflicht zur Versicherung in einer Ortskrankenkasse befreien lassen. Die Ersatzkassen waren eine Domäne der Angestellten, wenngleich es auch stets Arbeiter-Ersatzkassen gab. 1949 hatten die Angestellten-Ersatzkassen einen Anteil von 9,9% an den Mitgliedern der gesetzlichen Krankenversicherung, 1961 waren es 20,0%; bei den Arbeiter-Ersatzkassen waren es 0,5 bzw. 0,9%. Die Angestellen-Ersatzkassen hatten bis 1957 einen entscheidenden Vorteil vor den Allgemeinen Ortskrankenkassen: Weil Angestellte im Krankheitsfall Gehaltsfortzahlung vom Arbeitgeber erhielten, Arbeiter aber nicht, hatten die Ersatzkassen geringere Ausgaben – obwohl sie höhere Leistungen gewährten – und konnten deshalb relativ geringe(re) Beiträge erheben. Schließlich hatten die Ersatzkassen auch Vorteile beim Finanzausgleich (überörtlicher Risikoausgleich, anders als Orts- und Betriebskrankenkassen). Schließlich gestalteten sie aus Werbungsgründen die Beiträge für freiwillig weiterversicherte Mitglieder besonders attraktiv. All dies erlaubte den Ersatzkassen, günstigere Konditionen als die gesetzlichen Kassen zu bieten. Die genannte Verdoppelung des Anteils der Angestellten-Ersatzkassen 1949/61 (zugleich ging der Anteil der Versicherten in den Allgemeinen Ortskrankenkassen von 66,4 auf 55,2% zurück) spiegelt die zunehmende Attraktivität dieser Kassen und – an diesem Beispiel – den Wandel von der Arbeiter- zur Angestellten-Gesellschaft.

Bis 1961 war das Leistungsniveau der gesetzlichen Krankenkassen außerordentlich unterschiedlich. Das Mindestniveau war gesetzlich vorgeschrieben; doch die Kassen konnten es überschreiten. An der Spitze, z. B. was die Dauer der Krankengeldzahlung und Mehrleistungen bei Hilfsmitteln wie Brillen, Gehhilfen etc. betraf, standen die Angestellten-Ersatzkassen. Sie hatten damit eine Vorbildfunktion.

Separate Rentenversicherung

1945 schien das Ende der separaten Angestelltenversicherung in Deutschland gekommen zu sein. Denn im April ordnete der Reichsarbeitsminister an, daß wegen der Behinderungen im belagerten Berlin die (für die Arbeiter zuständigen) Landesversicherungsanstalten die Angelegenheiten der Angestellten mit wahrnehmen sollten. Seitdem lag die Angestelltenversicherung bei den 17 Landesversicherungsanstalten der Arbeitersozialversicherung. Doch als die Gewerkschaftsbewegung der Angestellten wieder erstarkte, trat auch die sozialversicherungsrechtliche Sonderung wieder nach vorn (ähnlich wie bei den Neuregelungen der Mitbestimmung 1952, 1971 und 1976). Bei den Wahlen zu den Selbstverwaltungsorganen der Sozialversicherung 1953 erhielten die Verfechter der separaten Angestelltenversicherung (DAG, DHV, VWA/Kaufmännischer Verband für weibliche Angestellte) mehr als 80% der Stimmen. Angesichts dieses Votums stimmte der Bundestag 1953 der Errichtung der Bundesversicherungsanstalt für Angestellte in Berlin zu. Die BfA übernahm eine ähnliche Rolle wie zuvor die RfA. U.a. förderte sie mit ihren Rücklagen den Bau von Miet-, Eigentumswohnungen und Eigenheimen von Angestellten durch zinsgünstige Darlehen und den Kauf von Pfandbriefen.

Annäherung an die Arbeiterrentenversicherung

Die Trennung der Angestellten und Arbeiter im Rentenrecht wurde 1969 faktisch beseitigt. Die Rentenversicherung der Angestellten hatte hohe Überschüsse, die der Arbeiter hohe Defizite, vornehmlich auf Grund des berufsstrukturellen Wandels. 1969 änderte der Gesetzgeber die Deckungsvorschriften: an die Stelle der zehnjährigen Abschnittsdeckung, die 1957 die kapitalaufwendige Anwartschaftsdekkung abgelöst hatte, trat ein Umlageverfahren. Gleichzeitig führte er nun den Liquiditäts- bzw. Finanzausgleich zwischen der Angestellten- und der Arbeiterrentenversicherung ein. Seither leistete die BfA gewaltige Transfers an die Arbeiterrentenversicherung: allein bis 1992/93 rund 170 Mrd. DM. Die Angestellten- und die Arbeiterversicherung sind lediglich noch unterschiedliche organisatorische Hüllen für weitgehend gleiche materielle Sachverhalte. Ferner endete die Möglichkeit für die BfA, nennenswerte Rücklagen zu bilden (und damit z.B. den Wohnungsbau zu fördern). 1989 wurden die Reichsversicherungsordnung, das Angestelltenversicherungs- und das Reichsknappschaftsgesetz gemeinsam als Sechstes Buch ins Sozialgesetzbuch aufgenommen. Die dabei vorgenommenen Änderungen zur Sicherung der künftigen Leistungsfähigkeit ziehen keine Grenzlinien zwischen Angestellten und Arbeitern.

Annäherung der Beamten

Auch die Beamten näherten sich den Angestellten an, wie am Beispiel der versicherungsförmigen Beteiligung der Beamten an der eigenen Alterssicherung ersichtlich wird. So erscheinen die Angestellten als Prototyp der modernen Erwerbsgesellschaft. Auch die umfangreichen Privatisierungen von Bahn und Post wirken in diese Richtung.

Die verbliebenen arbeitsrechtlichen und sozialpolitischen Unterschiede zwischen Angestellten und Arbeitern sind im wesentlichen institutioneller und terminologischer Art (siehe BfA – Landesversicherungsanstalten; Ersatzkassen; Gehalt – Lohn). Sie tragen Wünschen nach Besitzstands- und Mentalitätswahrung Rechnung. Materiell glichen sich die Regelungen jedoch an. Soweit Einschnitte erforderlich sind, scheinen sie heute beide Gruppen gleichermaßen zu treffen. Doch blieben andere – soziale und kulturelle – Differenzierungslinien bestehen oder bildeten sich neu, vornehmlich zwischen Berufen und Berufsgruppen, weniger entlang der „Kragenlinie".

Angestellte als Modernisierer der Erwerbsgesellschaft

Die Angleichung von Angestellten und Arbeitern geschah nicht durch Abschaffung von Angestelltenprivilegien, sondern durch Angleichung der Regelungen für Arbeiter an die günstigere Stellung, die die

Angestellten zuvor erlangt hatten. Dies ähnelt der Vorbildwirkung der Beamten für die frühen „Privatbeamten". Für die Arbeiter hatte der Zugewinn der Angestellten einen Vorreiter- bzw. „Fahrstuhleffekt". Insofern wirkten die Angestellten als sozialpolitische und arbeitsrechtliche Modernisierer.

II. Grundprobleme und Tendenzen der Forschung

A. Zur Forschungsgeschichte

Die Forschung hat die Angestellten vor dem 19. Jahrhundert gelegentlich bei der Untersuchung einzelner Handelshäuser, Manufakturen, Hofhaltungen etc. mitbehandelt, doch fast nie eigenständig thematisiert. Zu den wenigen Ausnahmen gehört eine bislang unveröffentlichte umfangreiche sozialstatistische Untersuchung von REINHARD HILDEBRANDT über die Angestellten vornehmlich oberdeutscher Handelshäuser vom Beginn der Neuzeit bis zum 17. Jahrhundert. HILDEBRANDT arbeitete u. a. heraus, daß bereits um die Mitte des 16. Jahrhunderts aus der *Funktion* des Handelsdieners, die ein Kaufmann vorübergehend wahrnahm, für eine immer größere Zahl von Arbeitskräften der *Beruf* des kaufmännischen Angestellten (Handelsdieners) wurde. Dieser Beruf wurde auf Dauer ausgeübt und häufig an die eigenen Söhne „vererbt" („Selbstrekrutierung") [172: Diener, 234].

Die wirtschaftliche und gesellschaftliche Lage kaufmännischer Angestellter vom 17. bis 19. Jahrhundert analysierte ROLF ENGELSING und verglich sie mit derjenigen anderer Berufsgruppen [35: Differenzierung]. Ein Beispiel für eine lokale Studie ist die Untersuchung der Besoldungsverhältnisse (Fixum, Akzidentien und Deputate) aller Beschäftigten im öffentlichen Dienst Göttingens 1750 bis 1850 von HANS-JÜRGEN GERHARD [170: Diensteinkommen]. Im übrigen ist die Erforschung der Geschichte der vorindustriellen Angestellten ein Desiderat.

Desiderat: Geschichte der vorindustriellen Angestellten

Auch für den Zeitraum von 1830 bis 1870, von der Früh- bis zum Beginn der Hochindustrialisierung, ist der Forschungsstand noch schlecht, wenngleich über einzelne Unternehmen Fallstudien vorliegen. Für diese Zeit fehlen gedruckte Selbstzeugnisse und Verbandsschriften weitgehend. Seit dem späten 19. Jahrhundert ist die Quellenlage besser, da zum einen die Verbände nun stärker wurden und ihre Arbeit zunehmend dokumentiert ist. Zum andern förderte die einsetzende publizistische, sozialwissenschaftliche und -politische Beschäftigung mit den Angestellten viele neue Informationen zutage. Gesetze und

Quellenlage

Statistiken, Stellungnahmen und Erhebungen [siehe S. 83f.] der Verbände, sozialpolitische Schriften und sozialwissenschaftliche Studien geben seither über die zahlenmäßigen, gesellschaftlichen, wirtschaftlichen und rechtlichen Entwicklungen Aufschluß. Hingegen war über die Situation am Arbeitsplatz lange sehr wenig bekannt: über die betrieblichen Funktionen, Qualifikationen und Entlohnung, die Kriterien und Wege des betrieblichen Aufstiegs, überhaupt die Organisation und Herrschaftsbeziehungen in den Unternehmen. Dies ändert sich erst allmählich seit den 1970er Jahren. Die Forschungsdefizite scheinen hauptsächlich darin begründet zu sein, daß die Quellenlage hinsichtlich der betrieblichen („prozeß-produzierten") Materialien schlecht ist und daß sich das Interesse der Forschung lange überwiegend nur auf die Geschichte der Verbände, nicht auf die der Unternehmen richtete.

Interesse an der Organisationsgeschichte

Die historische Angestelltenforschung war bis in die jüngste Zeit weitgehend politikwissenschaftlich geprägt. Das Interesse richtete sich dabei vornehmlich auf die Organisationsgeschichte: auf Struktur, Meinungs-, Willensbildung und Artikulation, Ziele, Strategien und Konflikte der Verbände bzw. Gewerkschaften. Manche Studien beschränkten sich auf die Verbandsgeschichte, einige öffneten sich einer „politischen Sozialgeschichte" mit übergreifenden Themen- und Problembezügen.

Interesse an der gesellschaftlichen Stellung

Bei den Zeitgenossen in Politik, Wissenschaft und Publizistik fanden die Angestellten bis Ende des 19. Jahrhunderts kaum Aufmerksamkeit. Denn diese waren, anders als die Arbeiter, nicht Teil der „Sozialen Frage" und schienen auch bei den weltanschaulich-politischen Auseinandersetzungen keine Rolle zu spielen. Dies änderte sich, als die Angestellten auf Grund ihrer Zahl politisch ins Gewicht fielen und als die Arbeiterbewegung bedrohlich geworden war und sich klassengesellschaftliche Spannungen herausgebildet hatten. Nun stellte sich die Frage nach dem sozioökonomischen und politischen Standort der Angestellten. Waren sie ein Stand oder eine Klasse? Gehörten sie zum Bürgertum oder zum Proletariat? Bildeten sie einen Mittelstand oder eine Mittelschicht? Solche Fragen fachten die Diskussion immer wieder an.

Auch die Angestelltensoziologie, die in Deutschland an der Wende vom 19. zum 20. Jahrhundert entstand, wurde hauptsächlich von der Frage bewegt, ob die Unterschiede zwischen Arbeitern und Angestellten verblassen würden und die rapide wachsende Angestelltenschaft die Arbeiterbewegung stärken oder ob sie als eigene Kraft, als „neuer Mittelstand", die gesellschaftspolitischen Spannungen mildern werde. Solche Fragen wurden von der Vorstellung einer dichotomischen Klassengesellschaft hergeleitet – als Prognose, Hoffnung oder Befürchtung – und hatten große praktisch-politische Bedeutung. Was konnte man tun, um erhoffte Entwicklungen zu fördern bzw. befürchtete Entwicklungen abzuwenden? [42: KOCKA, Die Angestellten, 8 f.]

Sieben Phasen der Diskussion

Aus der seit etwa 1880 geführten Diskussion über die Angestellten heben sich sieben Phasen heraus. Die erste ist die politisch-sozialreformerische Debatte um 1880, als die Angestellten zu einem Massenphänomen wurden. Dies gefährdete ihre bis dahin individuell herausgehobene Stellung. Nun begannen die Zerlegung von Arbeitsprozessen, die Standardisierung von Tätigkeiten, Arbeitsbedingungen und -verträgen. Elementare Bildung und systematische Fachschulung traten zunehmend an die Stelle von Erfahrungswissen. Ein Indikator der Einbuße an Exklusivität war der Einzug von Frauen in Läden und Büros. Politisch prägte nun die Furcht vor „Proletarisierung" viele Angestellte. Sie organisierten sich verstärkt in Verbänden; diese führten erste Erhebungen durch [39: HILLER, Lage]. Die erste größere sozialwissenschaftliche Studie stammt von CARL BÜCHER (1883). Er untersuchte die Beschäftigungsprobleme der Handlungsgehilfen und empfahl ihnen, sich angesichts wachsender Stellenlosigkeit zusammenzuschließen und ihre Interessen gemeinsam gegenüber den Prinzipalen zu vertreten [65: Arbeiterfrage]. Eine breite sozialreformerische Diskussion propagierte neben intensiver Selbsthilfe zunehmend auch staatliche Eingriffe [60: ADLER, Sozialreform].

1. Angestellte als Massenphänomen

2. Angestelltenversicherung

Um die Jahrhundertwende verstärkte sich der Zustrom zu den Angestelltenberufen. Die sozio-ökonomische Situation vieler Angestellter änderte sich krisenhaft, die Zahl der Enquêten nahm zu; nun wurde verstärkt der Staat zu Hilfe gerufen. Er zeigte Bereitschaft zu sozialpolitischer Intervention. Die Verbände konnten 1911 das AVG als separate Angestelltenversicherung durchsetzen.

3. Rationalisierungskrise

Den dritten Schwerpunkt hatte die Angestelltendiskussion in der Rationalisierungskrise nach der Währungsreform von 1923, als der Zwang zu Einsparungen in den Unternehmen auch die Büros erfaßte. Die Verbände führten nun zahlreiche Enquêten durch, um die Lage der Angestellten zu dokumentieren und Forderungen nach Besserstellung zu untermauern. Diese Diskussion erstreckte sich bis in die Weltwirtschaftskrise und verstärkte sich ab 1929.

4. Hitlers Wähler

Die Neigung zu rechtsgerichtetem Protest und zu Affinität mit dem Nationalsozialismus war bereits Ende der 1920er Jahre Gegenstand sozialwissenschaftlicher Untersuchungen. Diese steckten das Forschungsfeld ab, konnten sich aber nach Beginn der NS-Herrschaft nicht entfalten. Mit der Emigration zahlreicher Autoren – Emil Lederer,

Hans Speier, Siegfried Kracauer und Carl Dreyfuss gingen in die USA, Fritz Croner nach Schweden, Theodor Geiger nach Dänemark – endete die Angestelltensoziologie in Deutschland. Einige Studien wurden nach 1945 publiziert [90: SPEIER, Die Angestellten; 199: FROMM, Arbeiter und Angestellte]. Die Frage, wer Hitler wählte, wurde seit den 1980er Jahren mit Methoden der modernen empirischen Sozialforschung neu untersucht [196: FALTER, Wähler].

5. Mittelstandsdiskussion nach dem Zweiten Weltkrieg

Einen neuen Anstoß erhielt die Angestelltensoziologie etwa 1954 im Rahmen von Bestrebungen, empirisches Material über die Lage des „unselbständigen Mittelstandes“ zu sammeln: Im Wiederaufbauboom drohten die Angestellten gegenüber den Arbeitern ins Hintertreffen zu geraten, vor allem hinsichtlich der Entlohnung. Klagen der DAG über „Unterbewertung der geistigen Arbeit“ griff die Bundesregierung auf und erteilte 1954 Berliner Sozialwissenschaftlern den Auftrag, die Lage der Angestellten in der gewerblichen Wirtschaft zu erforschen. Die Untersuchungen fanden u. a. in von OTTO STAMMER herausgegebenen Studien von CLAESSENS, FUHRMANN, HARTFIEL sowie ZIRWAS über die Angestellten in der Betriebspyramide (1959) und von NEUNDÖRFER über eine „Standortbestimmung“ der Angestellten ihren Niederschlag [190: STAMMER, Angestellte und Arbeiter; 79: NEUNDÖRFER, Die Angestellten]. In diesem Kontext legte GÜNTER HARTFIEL 1961 [37] einen materialreichen, auch heute noch nützlichen Überblick über die Entwicklung von Begriff und gesetzlichen Regelungen, Anzahl und Hauptgruppen, funktionale und soziale Stellung der Angestellten sowie ihre Verbandsgeschichte vor. Zuvor hatte es nur eine umfangreiche Auswertung der Berufszählungen 1882 bis 1933 gegeben [32: DITTRICH, Entstehung (1939)]. Ferner fanden die Angestellten nun bei der Diskussion über Schelskys These von der „nivellierten Mittelstandsgesellschaft“ verstärkt Aufmerksamkeit, vornehmlich in Hinblick auf ihre Mentalität und ihren Lebensstil [siehe Kap. II.C.].

Seit Ende der 1960er Jahre erweiterte sich die Perspektive. Zwar fand die politische Angestelltengeschichte weiter große Aufmerksamkeit [z. B. 41: KADRITZKE, Angestellte]. Doch zum Interesse an der politischen Bewegung und den Organisationen trat nun das an der betrieblichen Lage hinzu. Einen Überblick über die sozialwissenschaftliche Literatur zur betrieblichen Situation, Ausbildung, zum Arbeitsmarkt und zu den Aufstiegsmöglichkeiten der Angestellten nach 1945 gaben im Kontext der DGB-Arbeit FEHRMANN/METZNER 1977 [36]. Die Forschung erhielt wichtige neue, weiterwirkende Impulse durch die problembezogenen, theoriegeleiteten Arbeiten JÜRGEN KOCKAS. In seiner grundlegenden Fallstudie über die Angestellten bei Siemens griff

6. Unternehmensstudien

KOCKA die Ansätze Max Webers zur Bürokratieforschung und zur innerbetrieblichen Herrschaft auf [175: Unternehmensverwaltung; 174: DERS., Management]. Ferner bettete er die Angestelltengeschichte in die Gesellschaftsgeschichte ein. Er vertiefte die auch von früheren Autoren skizzierte These, daß die Angestellten aus enttäuschten politischen Hoffnungen auf Absicherung gesellschaftlicher Privilegierung ständische Ressentiments entwickelt und zu rechtsgerichtetem Protest geneigt hätten. Große Aufmerksamkeit schenkte er dabei der vergleichenden Perspektive. Zum einen verglich er untere Angestellte mit Arbeitern, um Unterschiede beim Selbstverständnis trotz ähnlicher wirtschaftlicher Lage zu erhellen. Zum andern verglich er die deutsche Entwicklung mit derjenigen in westlichen Industriestaaten, insbesondere in den USA, in denen der Unterschied zwischen den Angestellten und den Arbeitern für Gesellschaft und Politik nicht so bedeutsam war [siehe Kap. II.H.]. Weitere Unternehmensstudien brachten auf der Grundlage umfangreicher Aktenauswertung neue Ergebnisse, u. a. hinsichtlich der Arbeitsbedingungen, Qualifikation, Entlohnung, der betrieblichen Stellung und Aufstiegsmöglichkeiten, der Lebensverhältnisse, regionalen und beruflichen Mobilität, der Wohnverhältnisse und des Organisationsverhaltens [188: SCHULZ, Die Arbeiter und Angestellten; 184: RUPIEPER, Arbeiter und Angestellte; 164: DIETRICH, Mannesmannröhren-Werke].

7. Angestelltengeschichte in der Erweiterung

Seit den 1980ern traten Impulse der Alltags- und Mentalitätsgeschichte hinzu. Die neuere Forschung bezieht zunehmend auch die außerbetriebliche Lebensführung, die Familienverhältnisse, Gesundheit und Krankheit, Bildung sowie die kulturellen und Wertorientierungen ein. Neben dem dominierenden sozialstatistischen Zugang fand auch die Lebenslaufforschung Beachtung. Besonders starken Aufschwung nahm die Frauenforschung; sie brachte neue Fragestellungen, Perspektiven und sachliche Schwerpunkte [97: FREVERT, Frauen-Geschichte; siehe Kap. II.D.].

Desiderat: tertiärer Sektor

Die Angestelltenforschung ist durch industriehistorische und -soziologische Studien geprägt. Der private und, mehr noch, der staatliche Dienstleistungssektor sind noch weitgehend unerforscht. Zwar haben einige Untersuchungen über weibliche Angestellte begonnen, diese Lücke zu füllen, insbesondere hinsichtlich der obersten Behörden und Sonder- bzw. Staatsbetrieben [113: LEMBECK, Frauenarbeit; 123: NIENHAUS, Staat]. Für die Angestellten im öffentlichen Dienst der Bundesrepublik liegt umfangreiches sozialstatistisches Material vor [z. B. für 1970–1980 31: BRANDES/BUTTLER/U. A., Staat]. Doch Desiderate sind nach wie vor u. a. die Geschichte der Angestellten in den Kommunen [hierzu 191: STAMMER, Beamte und Angestellte], Mittelbehörden, den kommunalen, staatlichen und gemischtwirtschaftlichen Unternehmen sowie den Trägern und Einrichtungen der Sozialversicherung.

Modernisierung

Mit der Erweiterung der Perspektive auf Mentalitäts- und Alltagsthemen verstärkte sich die Kritik an der lange in der Forschung verbreiteten Sicht, die Angestellten seien eine rückwärtsgewandte, an vorindustriellen Vorstellungen orientierte Gruppe. Dies wird inzwischen mehr und mehr vom Deutungsmuster der Angestellten als „Modernisierungsagenten" abgelöst [siehe Kap. II.F.2.]: Seit Mitte der siebziger Jahre entstanden in Deutschland zahlreiche Forschungen zur gesellschaftlichen Modernisierung in Anlehnung an die nordamerikanische Diskussion. Im Unterschied zu älteren Ansätzen, die annahmen, moderne Entwicklungen würden traditionelle verdrängen und an deren Stelle treten, geht die neuere Forschung davon aus, daß sich moderne mit traditionellen Faktoren mischten und in spezifischer Weise verbanden und daß der Modernisierungsprozeß selbst nicht linear verläuft, sondern vielfältige Umwege nimmt und Verformungen erfährt [280: WEHLER, Modernisierungstheorie]. Der Angestelltengeschichte bietet die breite und kontroverse Modernisierungsdebatte mit Themen wie Rationalisierung, Differenzierung und Individualisierung viele Diskussionsansätze. Die Entwicklung verlief hier weder linear noch kontinuierlich. Sie wurde durch antimodernisierende Phasen unterbrochen, z.B. durch das Verdrängen von Frauen aus der Erwerbstätigkeit und durch Reduktion von Sozialleistungen in der Weimarer Zeit. Ein differenziertes Modernisierungsparadigma scheint besonders geeignet zu sein, die inneren Spannungen und Widersprüche der heterogenen Angestellten zu erfassen und zu erklären.

Gegenwärtig scheint der Angestellte im Arbeitnehmer aufzugehen und sein Protestpotential nicht virulent zu sein. Damit scheint die Angestelltenforschung an gesellschaftspolitischer Brisanz zu verlieren. Das kann sich rasch ändern. Doch ist der Angestellte als „soziale Einheit" offenbar in Auflösung begriffen; insofern scheint er in Zukunft eher ein Thema für den Historiker als für den Gegenwartsanalytiker zu sein. Hingegen treten Unterschiede zwischen den Berufen, Gruppen und Positionen stärker hervor. Möglicherweise wird sich die künftige sozialwissenschaftliche und historische Forschung eher mit einzelnen Angestelltenkategorien als mit „dem Angestellten" beschäftigen [42: KOCKA, Die Angestellten, 229].

B. Definitions- und Abgrenzungsprobleme, Entstehungstheorien

Problematische Zuordnung

Die Zurechnung von Erwerbstätigen zu den Angestellten war und ist unsicher. Dies zeigt sich etwa darin, daß die Berufssystematik der Reichsstatistik mehrfach variierte. Die leitenden Angestellten wurden bis zur Berufszählung 1925 als Selbständige gezählt, hingegen die Ladendiener, Verkäuferinnen, unteren Beamten, das Gasthauspersonal und andere untere Angestelltenkategorien bis 1907 als Arbeiter, die Werkmeister 1882 als Arbeiter, seit 1895 hingegen als Angestellte. Zudem unterschieden die Statistiker Privat- und öffentliche Beamte bis 1933 nur unzureichend. Deshalb sind die Zahlen kaum vergleichbar, auch nachträglich nicht vergleichbar zu machen [Hinweise auf Literatur und Zuordnungsprobleme bei 37: HARTFIEL, Angestellte, 16–27; 147: HROMADKA, Gleichstellung, 13ff.; 54: SCHULZ, Die industriellen Angestellten, 229ff.; 129: SCHULZ, Die weiblichen Angestellten, 183ff.].

Sprachgebrauch

Die Versuche, den Begriff „Angestellte“ zu definieren, sind so alt, zahlreich, heterogen und kontrovers wie die Angestelltenliteratur überhaupt. Ein Hauptkennzeichen der Angestellten war und ist die Vielfalt ihrer Tätigkeiten, Berufe und Positionen. Selbst die kaufmännischen Angestellten waren „niemals eine einheitliche Berufsgruppe“ [35: ENGELSING, Differenzierung, 111; siehe auch 80: PIERENKEMPER, Begriff]. Sprachgebrauch (Privatbeamte, Büro-, Betriebs-, Fabrikbeamte) und Zuordnung variierten. In der Telegraphenbauanstalt von Siemens & Halske zählten 1855/67 zu den „Beamten“ Prokurist, Buchhalter, Werkstattvorsteher, Kassierer, Registrator, Werkmeister, Werkstattschreiber, Materialverwalter, Zeichner und Komptoirdiener bzw. Bote. Hier entfielen auf einen Beamten zehn bis fünfzehn Arbeiter [175: KOCKA, Unternehmensverwaltung, 96]. In der Praxis des Kölner Draht- und Kabelherstellers Felten & Guilleaume hingegen wurden von den 1880er Jahren bis zur Jahrhundertwende nur die „besseren“ Angestellten als „Privatbeamte“ geführt. Die Meister, Boten und Schreiber wurden auf separaten Entlohnungslisten geführt; manche erhielten Lohn, nicht Gehalt [188: SCHULZ, Die Arbeiter und Angestellten, 352f.]. Bis 1914 wurden im betrieblichen und außerbetrieblichen Alltag meist die Berufsbezeichnungen wie Handlungsgehilfe, Korrespondent, Commis, Buchhalter, Kassierer, Ingenieur verwendet. Der Begriff „Angestellter“ wurde erst benötigt, als man zusammenfassen wollte, was den Beschäftigten gemeinsam war und sie zugleich von den Arbeitern (und Unternehmern) unterschied.

Viele Autoren definieren die Angestellten als „abhängig Beschäftigte" oder „abhängige Inhaber einer relativ festen Dienststellung" [z. B. 42: KOCKA, Die Angestellten, 120; 239: SCHETTLER, Arbeiter und Angestellte, 40]. Dies hat offenkundig tautologische Züge. Besser geeignet erscheint der arbeits- bzw. gewerberechtliche Terminus „unselbständig Erwerbstätige" mit einer näheren Eingrenzung [vgl. 46: LEDERER, Die Privatangestellten, 24 f.; 54: SCHULZ, Die industriellen Angestellten, 225].

Begriffsgeschichte

Einen entwicklungsgeschichtlichen und problembezogenen Überblick über die Begriffsgeschichte von 1800 bis zum frühen 20. Jahrhundert gab KOCKA in einem erstmals 1972 in dem Lexikon „Geschichtliche Grundbegriffe" publizierten Beitrag [zuletzt in 42: DERS.: Die Angestellten, 116–141]. Eine dichte Bestandsaufnahme der arbeits-, sozialversicherungsrechtlichen und mentalen Unterschiede zwischen Angestellten und Arbeitern präsentierte 1959 die aus der Gesellschaft für Soziale Reform hervorgegangene Gesellschaft für Sozialen Fortschritt. Diese hatte 1955 bis 1958 versucht, Kriterien zur zeitgemäßen „Neuabgrenzung der Begriffe Angestellter und Arbeiter" zu finden [72: Nikisch-Bericht]. Die neuere arbeits- und sozialversicherungsrechtliche Problematik der Begrifflichkeit und des Problems der Gleichstellung mit den Arbeitern ist in einem Sammelband von 1989 mit Beiträgen von Arbeitsrechtlern und Sozialpolitikern zusammengefaßt [147: HROMADKA, Gleichstellung].

1. Orientierung an den Unternehmern und Staatsbeamten – Abgrenzung von den Arbeitern

Leitbild Unternehmer

Schon in der frühen Neuzeit unterschieden die Quellen selten zwischen Handelsdienern, selbständigen Kaufleuten, die befreundeten Firmen gelegentlich behilflich waren, und selbständigen Maklern bzw. Kommissionären [172: HILDEBRANDT, Diener, 13]. Die Orientierung am Leitbild des Selbständigen wurde bzw. wird durch vielfältige Faktoren der betrieblichen Praxis, durch gemeinschaftliche Organisation in den „Harmonieverbänden" sowie durch Wertorientierungen, Aufstiegserwartung und Sprachgebrauch (Begriff der „Leitenden Angestellten") gestützt, wurde jedoch noch kaum untersucht.

Leitbild Staatsbeamte

KOCKA arbeitete heraus, daß die Verwendung des Beamtenbegriffs in den Privatunternehmen dadurch gefördert wurde, daß Arbeitsbedingungen, Entlohnung, Positionen etc. der frühen Privatangestellten „staatsbeamtenähnliche" Züge aufwiesen; auch wirkten sich militärische und bürokratische Traditionen der Ingenieure darin aus. Mit der

Verwendung des Begriffs verbanden sich Ansprüche auf betriebliche und gesellschaftliche Geltung [175: KOCKA, Unternehmensverwaltung, 148–196]. Viele Unternehmen orientierten sich bei der Ausgestaltung der Arbeitsverhältnisse, betrieblichen Renten und anderen Sozialleistungen an staatlichen Regelungen. Auch die Angestelltenrenten nach dem AVG von 1911 waren in vielen Details am Muster der Staatsbeamtenpensionen ausgerichtet.

Freilich unterschieden sich die Angestellten in der Privatwirtschaft von den Staatsbeamten: insbesondere durch ihre prinzipielle Abhängigkeit vom Unternehmenserfolg sowie durch das Fehlen eines auf formaler Qualifikation beruhenden Berechtigungswesens und der öffentlich-rechtlichen Ausgestaltung ihres Arbeitsverhältnisses. Insofern stellt die Übertragung des Begriffs „Beamter" auf privatwirtschaftliche Angestellte „einen ideologischen Identifikationsversuch" dar [42: KOCKA, Die Angestellten, 123].

Abgrenzung von den Arbeitern

Schon die ältere Forschung hat eine Reihe von Kennzeichen herausgearbeitet, die – in typisierender Sicht – zumindest die mittleren und oberen Angestellten von den Arbeitern unterscheiden und die sich dahin auswirkten, daß Tätigkeiten von Angestellten höhere gesellschaftliche Wertschätzung genossen als die Arbeit gewerblicher Arbeitnehmer. Zudem prägten die Angestellten (wie vice versa auch die Arbeiter) diese Unterschiede im Selbstverständnis und in den sozialen Kontakten, in den Milieus, im Konsum- und Freizeitverhalten, Lebensstil sowie im Vereinswesen, bei der politischen und gewerkschaftlichen Orientierung weiter aus. Dies hat die Forschung seit Ende der 1960er Jahre vertieft und systematisiert [siehe Kap. I.A. und I.C.1; zusammenfassend 42: KOCKA, Die Angestellten, 7 f.].

„Kragenlinie"

Die Diskussion richtete sich auf die Abgrenzung der unteren Angestellten durch die „Kragenlinie" und die Frage, warum diese in Deutschland offenbar stärker ausgeprägt war als anderswo. Diese Fragen griff KOCKA in seiner Fallstudie über Siemens 1847 bis 1914 auf. Um herauszufinden, was die Angestellten zusammenhält und von den Arbeitern trennt, legte er das Schwergewicht nicht auf den Typus oder die Mitte der Angestellten, sondern auf die unteren Kategorien: dorthin, wo Angestellte und Arbeiter in etwa nebeneinander standen und ähnliche Tätigkeiten, Entlohnung und Lebensumstände hatten. Er fragte nach den Formen, Bedingungen und Folgen der „Kragenlinie" [175: Unternehmensverwaltung]. Seine theoretisch und methodisch gut fundierte Perspektive des Vergleichs von Arbeitern und Angestellten prägte die Angestelltenforschung stark. Hingegen fand der Vergleich von Angestellten mit Unternehmern sowie Beamten bislang kaum Beachtung.

In den vergangenen Jahrzehnten haben sich die Arbeitsbedingungen vieler Arbeitergruppen nachhaltig gewandelt. Die Einführung automatisierter und teilautomatisierter Produktionsstraßen und die fortschreitende Spezialisierung führten vielerorts zur Auflösung des „Werkstattprinzips". Die Überwachung der neuen Produktionsanlagen stellte große Anforderungen an Qualifikation und Konzentration. Die neuen Arbeitsabläufe bewirkten, daß Unterschiede zwischen den Angestellten und den Arbeitern im Betrieb zurücktraten, vielerorts schwanden und erst unmerklich, schließlich unübersehbar auch in der Gesellschaft zunehmend verblaßten. Schon Ende der 1950er Jahre kam eine Untersuchung von Arbeitsplatzstrukturen in Mittel- und Großbetrieben zu dem Ergebnis, daß die meisten Angestellten hinsichtlich Ausbildungs-, Arbeitsanforderungen und betrieblichen Aufstiegsmöglichkeiten nicht über, sondern neben den Arbeitern stehen [190: STAMMER, Angestellte und Arbeiter]. Der körperlicher Einsatz („schmutzige Arbeit") ging in einer Reihe von Branchen – darunter Chemie, Feinmechanik und Elektrotechnik – zurück, hingegen nehmen koordinierende und kontrollierende Tätigkeiten zu. Dies ermöglicht Arbeitern, ihre Tätigkeit in anderer Kleidung und mit anderer demonstrativer Symbolik auszuüben [37: HARTFIEL, Angestellte, 102]. Dies trägt offenbar dazu bei, die „Kragenlinie" von der Seite der gewerblichen Arbeitnehmer her zu überwinden, und scheint die Einebnung weiterer Statusgrenzen (u. a. im Tarifwesen) voranzutreiben. Dabei scheinen ihnen vornehmlich Angestellte in „neuen" Berufen (EDV etc.) entgegenzukommen – anders als diejenigen in älteren und produktionsfernen Berufen [173: JAEGGI/WIEDEMANN, Büro, 159ff.; 75: DIES., Industriegesellschaft, 151].

2. *Funktionale, soziale und historische Bestimmungsfaktoren*

Bei der begrifflichen Abgrenzung der Angestellten lassen sich drei Typen unterscheiden: der funktionale Ansatz (Bestimmung durch gemeinsame Tätigkeitsmerkmale), der soziale Ansatz (Bestimmung durch gemeinsame Stellung im Gesellschaftsgefüge bzw. durch die gesellschaftliche Bewertung der Angestelltentätigkeiten; siehe Kap. II.C.) sowie der historische Ansatz (Bestimmung durch historische Tradierung und Verfestigung von Kennzeichen). Diese Ansätze heben sich nicht trennscharf voneinander ab, sondern verbinden und überlagern sich in vielfältiger Weise.

geistig – manuell

Zu den frühen Versuchen, Unterschiede zwischen Angestellten und Arbeitern funktional zu erklären, gehört die Auffassung, Angestellte seien vorwiegend geistig tätig, Arbeiter hingegen manuell

[73: HAMM, Berufsmerkmale, 3 f.; 46: LEDERER, Die Privatangestellten, 24]. Das Reichsarbeitsgericht führte in Urteilsbegründungen 1936 und 1940 ebenso wie das Bundesarbeitsgericht 1954 aus, daß der Begriff des Angestellten nach Sprachgebrauch und Rechtsprechung denjenigen Arbeitnehmer bezeichne, bei dessen Beschäftigung „die gedankliche Arbeit die mechanische, mit der Hand geleistete, überwiege" [dazu 37: HARTFIEL, Angestellte, 71]. Auch wurde versucht, die Angestellten dadurch zu definieren, daß sie indirekt am Produktionsprozeß beteiligt seien, Arbeiter hingegen direkt [89: SILBERMANN, Stand, 11 f.]. Vielfach verband man mit dieser Funktionsbestimmung die Wertung, die Tätigkeit der Angestellten sei „gehoben" bzw. „höher", die der Arbeiter hingegen „niedriger" [206: KULEMANN, Berufsvereine, 6; 72: Nikisch-Bericht, 26].

produktionsfern – produktionsnah

höher – niedriger

Bereits 1911 deutete RICHARD WOLDT die industriellen Angestellten funktional. Er versuchte, die Stellung der „geistigen Arbeit" im Industriebetrieb aus der Struktur der großindustriellen Organisation abzuleiten. Er wollte so die Voraussetzungen für die gewerkschaftliche Organisation der Angestellten an der Seite der Arbeiter verdeutlichen [222: Beamtentum]. Der Soziologe EMIL LEDERER, der 1912 in einer bedeutenden Studie den Versuch einer Definition unternahm, verknüpfte den funktionalen Gesichtspunkt mit dem der gehobenen, „geistigen" Arbeit. Im übrigen aber urteilte er, daß die Heterogenität der Angestellten die Definition unter einem einzigen Gesichtspunkt nicht zulasse [46: Die Privatangestellten, 24 ff.].

Einen wichtigen neuen Akzent setzte FRITZ CRONER. Er widerlegte die Anschauung, es mache den Kern der Angestelltentätigkeiten aus, daß es sich um „gehobene" oder „geistige" Arbeit handele. Es handele sich vielmehr um nichts anderes als um Funktionen. Als typische Angestelltenfunktionen nannte er die arbeitsleitende, die konstruktive bzw. analysierende, die verwaltende sowie die merkantile Funktion. Das Verdienst CRONERS um die Herausarbeitung der Angestelltenfunktionen wird häufig übersehen. Hingegen wird er immer wieder wegen der Erklärung kritisiert, die er für die Entstehung dieser Funktionen gab: Seine (Funktions- und) Delegationstheorie besagt, daß die Angestelltenfunktionen einst vom Unternehmer selbst ausgeübt worden seien. Im Verlauf des Wachstums und der Ausdifferenzierung der Unternehmen habe der Unternehmer Funktionen an Angestellte delegiert und diesen so eine herausgehobene Stellung verschafft [zuerst 1954: 66: CRONER, Die Angestellten, 34 ff.; systematisch ausgeführt 1962: 67: DERS., Soziologie, 112 f., 131 ff.]. CRONER argumentierte entwicklungsgeschichtlich. Sein Ansatz beruht auf einer sozialstatistischen Analyse.

Delegationstheorie

Die Delegationstheorie ist, wie die weitere Forschung zeigte, nicht haltbar. Bereits Hartfiel wies darauf hin, daß Croner die Unterscheidung zwischen Unternehmerfunktion und Unternehmertätigkeit nicht ausreichend beachtet hat. Zur letzteren rechnete HARTFIEL auch die Übertragung von produktions-, verwaltungs- und handelstechnischen Aufgaben an Hilfskräfte; damit war keine Delegierung von Teilen der Unternehmerfunktion verbunden [37: Angestellte, 88 f.]. Diese Kritik vertiefte KOCKA. Er fand am Beispiel von Siemens heraus, daß einige Angestelltenfunktionen zwar durch Delegierung von Unternehmerfunktionen entstanden, andere hingegen durch Abspaltung von Arbeiterfunktionen, wieder andere entstanden neu [175: Unternehmensverwaltung].

Historische Bestimmung

Angesichts der Schwierigkeiten, eine systematisch schlüssige Definition zu finden, greifen manche Forscher auf die Geschichte der Angestellten zurück, um die nach der Verkehrsanschauung, dem allgemeinen Sprachgebrauch, dem Selbst- und Fremdverständnis der Angestellten und nach der Gesetzgebung bestehenden Gemeinsamkeiten der Angestellten bzw. ihre Unterschiede zu den Arbeitern zu erklären. Sie interpretieren die Kennzeichen der Angestellten häufig als Relikte, die nur in einer bestimmten historischen Phase real fundiert gewesen seien, inzwischen aber ihren Inhalt verloren hätten [190: STAMMER, Angestellte und Arbeiter, 151 f.]. Hingegen vertreten andere Autoren die These, die Angestellten seien „traditionslos" oder „geschichtslos". Da sie erst später als die Arbeiter entstanden, sei der historische Rückgriff verfehlt, ja, die historische Bestimmung unmöglich [178: NEULOH, Automation, 44 ff., 62 ff.].

Die neuere sozialhistorische Forschung hat die Tragfähigkeit der Ansätze bei der Untersuchung der betrieblichen Verhältnisse erprobt. KOCKA untersuchte das Zusammenspiel wirtschaftlicher, gesellschaftlicher, politischer und kultureller Prozesse. Er argumentierte, die für das kapitalistische „Wirtschaften spezifischen Tausch-, Vertrags- und Leistungsgesichtspunkte" hätten den betrieblichen Status der Angestellten „später und unvollkommener" beeinflußt als den der Lohnarbeiter und den frühen Angestellten eine staatsbeamtenähnliche „Sonderstellung" verschafft. Er stellte die These auf, dieser „Sonderstatus" sei durch das Interesse des Unternehmers vermittelt. Dieses habe daraus resultiert, daß die Funktionen der Angestellten im Unterschied zu denjenigen der Arbeiter noch nicht vergesellschaftet und schwerer zu quantifizieren gewesen seien, daß die Angestelltenarbeit schwerer zu messen und zu standardisieren war, daß der Arbeitsmarkt noch wenig entwickelt war und daß die Angestellten am Herrschafts- und Informationssystem des

Funktion und Interesse

Unternehmens selbst teilhatten. Da der Betrieb sowohl ein funktionales Arbeitssystem als auch ein Herrschaftsverband ist, durchdrangen und mischten sich die Sachleistung und Autorität der Angestellten innerhalb der Funktions- und Tätigkeitsbereiche. Auf die Frage nach der sozialökonomischen Logik der Unterschiede zwischen Angestellten und Arbeitern könne es keine systematische Antwort geben, sondern nur eine historische [175: Unternehmensverwaltung; 42: DERS., Die Angestellten, 9, 21].

Stärker als Kocka argumentierte Günther Schulz mit der historischen Prägung. Er untersuchte das Kölner Draht und Kabel produzierende Unternehmen Felten & Guilleaume vom frühen 19. Jahrhundert bis zum Ersten Weltkrieg [188: SCHULZ, Arbeiter und Angestellte]. Das Unternehmen, um 1900 mit mehr als 5000 Beschäftigten der größte Arbeitgeber im Kölner Raum, war als elektrotechnischer Betrieb mit Siemens auf vielen Feldern vergleichbar, doch u. a. hinsichtlich Tradition und Konfession (Herkunft aus einem Handwerksbetrieb, katholisch-patriarchalische Prägung der Unternehmerfamilie) verschieden. Schulz ermittelte zum einen für F & G sachliche Unterschiede zu Siemens (u. a. hinsichtlich der Abgrenzung der „Beamten", vgl. S. 53) und stellte deshalb in Frage, ob und wie weit die für Siemens ermittelten Befunde verallgemeinert werden können. Zum andern fragte er, ob die Erklärung des „Sonderstatus" mit dem Nutzen für den Unternehmer, Werner Siemens, haltbar sei [175: KOCKA, Unternehmensverwaltung 106; 42: DERS., Die Angestellten, 51 f., 62]. Vielmehr resultiere die günstigere Stellung der Angestellten neben den funktionalen Beweggründen aus Traditionslinien, die aus früherer Zeit auf die neuen Arbeitsverhältnisse wirkten. Der Angestelltenstatus sei nicht primär rationales Konstrukt, sondern traditionsbezogenes Instrument [54: SCHULZ, Die industriellen Angestellten, 233, 237; KOCKAS Replik in 42: DERS., Die Angestellten, 51 f.].

Funktion und Tradition

In der betrieblichen Praxis werden die Funktionsgruppen heute mehr und mehr quer zu den herkömmlichen Grenzlinien zwischen Angestellten und Arbeitern bestimmt, z. B. nach entscheidenden, vorbereitenden und ausführenden Funktionen. Schon 1967, bei einer empirischen Firmenstudie, konstruierte WALTER H. SCHUSSER eine einheitliche Funktionsskala für gleichrangige Gruppen von Arbeitern und Angestellten [88: Beitrag; siehe ferner 190: STAMMER, Angestellte und Arbeiter, 155 ff.; 37: HARTFIEL, Angestellte, 103 f., 110 ff.]. Darüber hinaus besitzt der funktionale Ansatz allein keine ausreichende Kraft zur Erklärung gesellschaftlicher Sachverhalte, denn eine Funktion verleiht nicht notwendig eine Führungsposition oder einen höheren betrieb-

Verbindung funktionaler, sozialer und historischer Faktoren

lichen oder gesellschaftlichen Status. Dies geschieht erst dann, wenn zur Funktion die Bewertung hinzutritt. Diese aber wird gesellschaftlich vermittelt, und darauf wirken unter anderem historisch festgelegte Konventionen, Traditionen sowie politische Überformungen [271: HARTMANN, Unternehmer, 61 f.]. Demgemäß hat sich in der neueren Forschung die Verbindung beruflich-funktionaler mit politisch-sozialen und historischen Faktoren als der weitestreichende Ansatz zur Erklärung der Unterschiede zwischen Angestellten und Arbeitern erwiesen, wenngleich die berufliche Situation der Angestellten weiterhin als konstitutiv für ihre soziale Lage und ihr Selbstverständnis angesehen wird [vgl. 57: TRISCHLER, Steiger, 116f.] Die nähere Bestimmung des Gewichts funktionaler, sozialer und historischer, traditionaler und utilitaristischer Elemente durch historische Unternehmensstudien ist ein Desiderat der Forschung.

3. Arbeits- und sozialversicherungsrechtliche Abgrenzung

Da ein von der Funktion oder eigentümlichen Tätigkeit ableitbares Kriterium für die Definition und Abgrenzung der Angestellten von den Arbeitern fehlt, betrachten manche Autoren die arbeits- und sozialversicherungsrechtliche Eingrenzung als entscheidend. NEUNDÖRFER nannte die Gesetzgebung den eigentlichen „Katalysator für die Bildung dieser sozialen Gruppe“ [79: Die Angestellten, 37]. Dabei ist die begriffliche Seite von der materiellen sozialen Sicherung zu unterscheiden. Der Begriff des Angestellten wurde im Sozialversicherungsrecht ausgebildet und nach dem Ersten Weltkrieg ins Arbeitsrecht übernommen.

Begriffliche Eingrenzung

Bis 1891 wurden die Angestellten als besondere Arbeitnehmerkategorie weder in der Gewerbeordnung noch im Handelsgesetzbuch erwähnt. Das IAVG von 1889 nannte einzelne Gruppen wie Betriebsbeamte und Handlungsgehilfen und verwendete noch nicht die Bezeichnung „Angestellte“. Dies tat erst die Gewerbeordnungsnovelle von 1891. Sie bezeichnete zwar Betriebsbeamte, Werkmeister, Techniker, Fabrikarbeiter und andere Gruppen als „gewerbliche Arbeiter“ (Titel VII), sprach jedoch bei der Bestimmung über besondere Kündigungsfristen von Betriebsbeamten, Werkmeistern „und ähnlichen Angestellten“ (§ 133 a). Allerdings erkannte erst das AVG den Begriff allgemein an [37: HARTFIEL, Angestellte, 68ff.; 72: Nikisch-Bericht, 9; 79: NEUNDÖRFER, Die Angestellten, 24–37].

Rechtliche Eingrenzung

Mit der begrifflichen Abgrenzung ging die materielle rechtliche Sonderung einher. Es scheint zu den Spezifika der deutschen Entwicklung zu gehören, daß die Angestellten sich mit Forderungen nach sozialer Sicherung und Statusbewahrung eindringlich an den Staat wandten und daß sie dort – offenbar auf Grund gesellschaftspolitischer Erwägungen – Gehör fanden [259: MANGOLD, Angestelltengeschichte]. Materiell erlangten einige Gruppen schon im frühen Arbeitsvertragsrecht Sonderrechte, ohne daß dabei jedoch bereits der Begriff „Angestellte" benutzt wurde. Gehaltsfortzahlung im Krankheitsfall und längere Kündigungsfristen als für Arbeiter legten bereits das preußische Handelsgesetzbuch von 1861 (Artikel 61) für die Handlungsgehilfen und die Gewerbeordnungsnovelle des Reichs von 1891 für die Betriebsbeamten fest. Die Begründung lautete, die Handlungsgehilfen hätten eine besondere Ausbildung erfahren und die Betriebsbeamten übten eine leitende oder beaufsichtigende Tätigkeit in Vertretung des Unternehmers aus. Das AVG von 1911 vertiefte die Separierung der Angestellten von den Arbeitern, indem es eine eigenständige Angestelltenpensions- und Hinterbliebenenversicherung schuf und die Berufsgruppen und Tätigkeiten kasuistisch aufzählte, die es zu den Angestellten rechnete. Dies wurde im Berufsgruppenkatalog von 1924 näher ausgeführt [siehe Kap. I.C.6.]. Das Betriebsrätegesetz von 1920 stützte sich zur Bestimmung der Angestellteneigenschaft auf das AVG. Im übrigen rechnete es zu den Angestellten auch die mit „niederen" und „mechanischen" Dienstleistungen beschäftigten Büroangestellten, während das AVG noch auf die Beschäftigten in „gehobenen" Stellungen gezielt hatte [37: HARTFIEL, Angestellte, 69f.].

Werkmeister

Schwierigkeiten macht die Abgrenzung im unteren Bereich. Werkmeister hatten einerseits technische, andererseits soziale Aufgaben [177: LEPSIUS, Stellung; 58: WELTZ, Vorgesetzte; 92: STEINER, Strukturveränderungen, 103–109]. Sie erhielten mancherorts Gehalt und galten als Angestellte. Andernorts erhielten sie Lohn und galten als Arbeiter, was der Praxis des Gewerbegerichtsgesetzes (1890) und der Novelle zur Gewerbeordnung von 1891 entsprach, die freilich, wie dargestellt, auch die Betriebsbeamten als „gewerbliche Arbeiter" bezeichnete, während das Unfallversicherungsgesetz von 1884 beide unterschied. Erst das AVG 1911 wies in seinem Berufsgruppenkatalog den Meistern den Status von Angestellten zu.

Die Argumentation, daß die Unterschiede zwischen Angestellten und Arbeitern im Kern ein Rechtskonstrukt seien, stützt sich des weiteren darauf, daß auch das Weimarer Tarifvertragswesen dazu beitrug, die Stellung der Angestellten rechtlich zu fixieren. Schließlich bezogen ein Gesetz von 1926 über günstigere Kündigungsfristen und zwei Notverordnungen von 1930/31 über die Gehaltsfortzahlung im Krankheitsfall nicht mehr nur Handlungsgehilfen und technische Angestellte, sondern alle Kategorien von Angestellten ein. Rechtsvorschriften, die nicht auf Privilegierung der Angestellten, sondern auf Entlastung des Arbeitsmarkts bzw. der Krankenkassen zielten, hätten so dazu beigetragen, ein „Sonderbewußtsein" und eine „Sonderstellung" der Angestellten zu entwickeln und zu festigen. Dies habe mitbewirkt, daß nach 1945 separate Gewerkschaften und Sozialversicherungsanstalten für Angestellte und Arbeiter gegründet wurden [72: Nikisch-Bericht, 7–11].

Leitende Angestellte

Mit der fortschreitenden Trennung von Kapitalhergabe und Unternehmensleitung entstand eine Gruppe von Arbeitnehmern, die Arbeitgeberfunktionen ausübt: die „leitenden Angestellten". Für diese, in den Gesetzen unterschiedlich abgegrenzte Gruppe gelten die seit 1918/19 in Kraft befindlichen Schutzvorschriften hinsichtlich der Arbeitszeit (Achtstundentag) nicht. Das Betriebsrätegesetz von 1920 nahm sie aus dem Kreis der Angestellten mit aktivem und passivem Wahlrecht aus. 1918 gründeten sie eigene Interessenvertretungen, darunter die „Vereinigung der leitenden Angestellten" (Vela). Ihr Spitzenverband wurde die 1954 gegründete „Union der Leitenden Angestellten" (ULA). Es gelang ihnen, im Betriebsverfassungsgesetz von 1952 ihre Konzeption des „leitenden Angestellten" weitgehend durchzusetzen. [37: HARTFIEL, Angestellte, 74–82; 213: MÜLLER, Verbände, 29ff., 96f.]. Eine empirische Studie im Auftrag des Bundesarbeitsministeriums zur Abgrenzung der „Leitenden" 1973 ergab, daß die Rechtslage, Organisations- und Entscheidungstheorie keine zwingende Abgrenzung ermöglichen, daß aber die Kombination der Kriterien Prokura, Leitungsebene, Einkommen, Personal- und Sachverantwortung eine realitätsgerechte Eingrenzung gestatten [59: WITTE/BRONNER, Die Leitenden Angestellten].

Zweifellos trugen das Sozialversicherungs-, das Arbeits- und das Tarifvertragsrecht erheblich dazu bei, daß die Angestellten günstigere Arbeits- und Lebensverhältnisse als die Arbeiter erlangen und aufrechterhalten konnten. Zu recht betonen manche Autoren, daß die Handlungsgehilfen ihre günstige Stellung im Handelsgesetzbuch gerade deshalb durchsetzen konnten, weil sie besonders früh und gut organisiert waren [51: RASSBACH, Betrachtungen, 84]. Doch erklären Hinweise auf die rechtliche Gestaltung und auf Interessenpolitik die Vorsprünge nicht hinreichend. Vielmehr hatte sich vieles, was rechtlich fixiert wurde, zuvor bereits in der betrieblichen Praxis ausgeprägt. Dazu zählt nicht zuletzt auch die rechtliche Abgrenzung der Angestellten selbst [54: SCHULZ, Die industriellen Angestellten, 223].

C. Klasse – Stand – Schicht: Gesellschaftliche Stellung und Mobilität

Die Forschung zur gesellschaftlichen Schichtung schenkte bis zum späten 19. Jahrhundert den Angestellten – anders als den Arbeitern, dem Adel und Bürgertum – wenig Aufmerksamkeit, weil sie als gesellschaftliche Gruppe noch kaum ins Gewicht fielen. Auch für Marx waren sie keine gewichtige Größe. Er subsumierte sie unter das Proletariat, da sie wie die Arbeiter vom „Verkauf ihrer Arbeitskraft" lebten, und stellte beide dem Kapital antagonistisch gegenüber, was er mit der Aneignung des Mehrwerts begründete. Diese Zurechnung prägt die marxistische Forschung seither. Diese betrachtete die Trennung von Angestellten und Arbeitern als „verdrehte Oberflächenerscheinung" der bürgerlichen Gesellschaft. Unternehmerisches Kalkül habe einen Teil der Arbeiterklasse mit Hilfe von Privilegien separiert, die Angestellten hätten eine individualistische Berufsauffassung und „falsches Bewußtsein" entwickelt: Angestellte als „geduldige Arbeiter" [83: Projekt Klassenanalyse; 92: STEINER, Strukturveränderungen, 158, 162 ff.; 41: KADRITZKE, Angestellte, 202]. Manche marxistischen Autoren vertraten die Position, innerhalb der Arbeiterklasse gebe es eine „Kernschicht" (das Proletariat bzw. die Arbeiter der Großindustrie) sowie „Randschichten" (zu denen die Angestellten gehörten), die einmal in der Kernschicht aufgehen würden [dazu Literatur bei 274: RITTER/TENFELDE, Arbeiter, 124].

Angestellte als Teil der Arbeiterklasse

Marx verband den Klassenbegriff mit politischer Teleologie. Max Weber hingegen, der die nichtmarxistische Schichtungsforschung nachhaltig prägte, benutzte den Begriff „Klasse" zwar auch als ökonomische Kategorie, doch wirke sie sich nicht notwendig als politische Herrschaft aus. Er betrachtete die Marktposition und die damit verbundenen Lebenschancen als Schlüssel zur Analyse der gesellschaftlichen Schichtung. Er bezog die Verhältnisse auf den verschiedenen Märkten (Besitz, Erwerb, soziale Kontakte) und die faktischen Verbindungen zwischen gesellschaftlichen Großgruppen (Auf- und Abstieg) in die Bestimmung der Klassen ein und unterschied Besitz-, Erwerbs- und soziale Klassen. Dieses weite Verständnis war gewissermaßen eine Laisierung des Klassenbegriffs und macht ihn geeignet zur Analyse der multivarianten Verbindungen von Macht und Herrschaft, Ökonomie und Politik. Weber thematisierte die Angestellten am Rande, vornehmlich im Rahmen der Bürokratisierung [279: WEBER, Wirtschaft, 551 ff.; dazu 64: BRAUN, Soziologie, 38 ff.; 160: BENDIX, Herrschaft, 269–337].

Max Weber

Gegen Ende des 19. Jahrhunderts wurde deutlich, daß Marx' Prognose nicht zutraf, die Mitte werde zwischen den mächtig aufstrebenden Klassen des Kapitals und des Proletariats zerrieben und untergehen. Die mittelständische Position formulierte für die Handlungsgehilfen GEORG ADLER 1891: diese seien – obgleich sich ihre Lage verschlechtere – von den Arbeitern verschieden und hätten eine gesellschaftliche Pufferfunktion gegenüber sozialistischen Bestrebungen; dies müsse der Staat durch seine Sozialpolitik unterstützen [60: Sozialreform]. Die erste systematische Bestimmung des Schichtungsorts der Angestellten stammt von Gustav Schmoller. Er skizzierte 1897 vor dem 8. Evangelisch-Sozialen Kongreß eine Tendenz zur Neubildung des Mittelstandes: den „alten Mittelstand" aus mittleren Grundbesitzern, Unternehmern, Handwerkern und Angehörigen der Freien Berufe würden Angestellte („Privatbeamte") und viele qualifizierte Arbeiter als „breite neue Schichten" ergänzen. „Unabhängigkeit der Gesinnung, des Charakters, der Lebensführung" seien Kennzeichen des gesamten – auch des „neuen", unselbständig erwerbstätigen – Mittelstandes. Schmoller untergliederte die Gesellschaft an Hand von „Betriebsmerkmalen, Vermögen, Einkommen und sozialer Stellung" in 0,25 Mio. Familien der Oberschicht (Aristokratie und große Vermögen), 2,75 Mio. Familien des oberen Mittelstandes (mittlere Grundbesitzer und Unternehmer, viele Mitglieder der Freien Berufe, höhere Beamte und Angestellte), 3,75 Mio. Familien des unteren Mittelstandes (Kleinbauern, -händler, Handwerker, subalterne Beamte und Angestellte, Werkmeister, besser bezahlte Arbeiter) sowie 5,25 Mio. Familien der „unteren Klassen" (Lohnarbeiter, viele kleinere Beamte, Angestellte, Handwerker und Bauern). Er bestimmte den Platz der Angestellten im Gesellschaftsgefüge somit durch ein Kriterienbündel, das vor allem Berufs- und wirtschaftliche Stellung, Mentalität und Lebensstil umfaßte [86: SCHMOLLER, Was verstehen wir, 153, 157 ff.].

Schmoller

Schmollers Berechnungen waren interessegeleitet und sind bei genauer statistischer Analyse nicht haltbar. Andere Autoren, zum Beispiel Werner Sombart, schätzten – wohl zutreffender – die Oberschicht auf ein bis fünf, die Unterschicht auf 68 und den Mittelstand auf 27 bis 31 Prozent der Bevölkerung (1895) [278: SOMBART, Volkswirtschaft, 440–475]. Doch Schmollers Beitrag hatte große gesellschaftspolitische Bedeutung: Er wandte sich gegen die materialistische Einordnung der Angestellten durch die Marxisten. Sein Vortrag war ein Appell an den „alten Mittelstand", nicht der depressiven Erwartung anzuhängen, er werde zwischen dem wachsenden Proletariat und dem großen Kapital zerrieben und sei von der wirtschaftlich-gesellschaftliche Entwicklung zum Untergang verurteilt. Vielmehr strömten ihm große neue Gruppen zu, die mit ihm ein gewisses Maß an wirtschaftlicher und geistiger Unabhängigkeit teilten und ihm neue Energien zuführten. Seither wurde es üblich, von den Angestellten als „neuem Mittelstand" zu sprechen [siehe auch 62: Böttger, Mittelstand].

Den Ansatz Schmollers führte J. Wernicke in einer 1907 publizierten, 1922 erweiterten Studie weiter, prüfte ihn statistisch und revidierte ihn. Wernicke stellte neben Besitz, gesellschaftlicher und beruflicher Stellung insbesondere Bildung als Kriterium heraus. Er faßte zum Mittelstand diejenigen zusammen, die weder reich noch besitzlos sind und über mehr als nur Volksschulbildung verfügen. Neu war, daß er dabei auch die Heterogenität der Kennzeichen und Interessen des Mittelstandes und die politischen Konsequenzen dieser Uneinheitlichkeit betonte [94: Wernicke (1907), Kapitalismus, 316–371].

Emil Lederer bestimmte in einer klassischen Studie 1912 die Angestellten als zwar heterogene, doch eigenständige soziale Einheit mit spezifischen wirtschaftlichen Kennzeichen und dem dezidierten Selbstverständnis einer gesellschaftlichen Mittelstellung. Sie seien nicht nur durch ihre (im einzelnen uneinheitlichen) technisch-funktionalen Positionen und ihre Qualifikation bestimmt, sondern auch, stärker noch, durch ihre Stellung zwischen Unternehmern und Arbeitern. Diese tendierten zwar dazu, große Angestelltengruppen aufzunehmen; doch habe die Angestelltenschaft die Tendenz, zu „einer ganz selbständigen Gruppierung" zu werden. Dies sei für das Marxsche Klassenmodell „eine beachtenswerte Komplikation" [46: Lederer, Die Privatangestellten, 26; Würdigung Lederers bei 262: Peissl, Proletariat]. Lederer

Die politische Radikalisierung mancher Angestellter nach 1918 gab der Schichtungsforschung weiteren Auftrieb. Bereits in der Zwischenkriegszeit arbeiteten zahlreiche Autoren heraus, daß die Vorstellung, den Arbeitern durch die „Kragenlinie" und bessere Aufstiegsmöglichkeiten überlegen zu sein, zumindest auf den unteren Angestelltenrängen Illusion geworden war. Weltkrieg, Vermögensverlust der „alten" Mittelschichten, Rationalisierung sowie das Aufholen der Arbeiter hatten Vorsprünge der Angestellten reduziert, teils beseitigt [44: Kracauer, Die Angestellten]. Doch ist die „Proletarisierungsthese", die das Verhalten der Angestellten erklären sollte, heute stark umstritten (siehe Kap. II.F.2.). Der Beitrag von Lederer/Marschak im „Grundriß der Sozialökonomik" von 1926 über die jüngste Entwicklung spiegelt Skepsis, ob die Angestellten tatsächlich auf dem Weg zu einer „Schicht sui generis" seien [77: Mittelstand, 141]. Hingegen kam Emma Sträter in ihrer von Schumpeter betreuten Dissertation über die wirtschaftliche Lage und gewerkschaftliche Organisation der Angestellten Anfang der 1930er Jahre zu dem Ergebnis, daß sich die Angestellten zu einer eigenständigen Schicht entwickelten. Sie unterschieden sich von den Selbständigen, wüchsen aber mit den Beamten zusammen, die in der Weimarer Demokratie den Angestellten ähnlicher als zuvor im Kaiserreich würden [93: STRÄTER, Stellung].

Theodor Geiger

Viele untere Angestellte klammerten sich auch in Zeiten wirtschaftlicher Not an die Vorstellung, dem Mittelstand anzugehören, und schenkten den ständegesellschaftlichen Versprechungen der Nationalsozialisten Gehör. Darauf wies bereits Theodor Geiger in seiner Untersuchung „Die soziale Schichtung des deutschen Volkes" 1932 hin. Die Studie war bahnbrechend, weil Geiger an Stelle des „ökonomisch-objektivistischen" einen „wirtschafts- und universalsoziologischen Frageansatz" entwickelte: Er berechnete die Berufs- und Sozialstruktur auf der Grundlage der Volks- und Berufszählung von 1925 neu. An Stelle der „Rohgliederung" der Erwerbstätigen in 0,84% Kapitalisten, 24,39% Mittelstand und 74,77% Proletariat errechnete er eine „Tiefengliederung", die 0,84% „Kapitalisten", 18,33% „alten" und 16,04% „neuen Mittelstand", 13,76% „Proletaroide" und 51,04% „Proletariat" umfaßte. Mit den sozialen Lagerungen („Hauptmassen") setzte er spezifische Mentalitäten in Beziehung. Die Angestellten seien eine sehr junge gesellschaftliche Gruppe, ungefestigt, doch „ständisch affiziert". Aus dem Lebenshaltungsstil könne kein wesentlicher Unterschied mehr gegenüber den Arbeitern gefolgert werden [71: GEIGER, Schichtung, 24, 72f., 103, 130]. Dies deutet in Richtung auf die These einer Nivellierung, wie Schelsky sie für die 1950er Jahre vertrat [dazu 84: ROTHENBACHER, Ungleichheit, 41 ff.]. Eine neue Sicht entwickelte Geiger nach dem Zweiten Weltkrieg in seiner Schrift „Die Klassengesellschaft im Schmelztiegel" (1949): der Klassengegensatz im Marxschen Sinne verblasse immer mehr. Zunehmende allgemeine Existenzsicherheit und Qualifikation, wie sie sich im Wachstum der Angestellten zeigten, ließen andere Schichtungslinien als ausschließlich ökonomische in den Vordergrund treten [69: GEIGER, Klassengesellschaft]. Die Überlegungen Geigers bildeten den Ausgangspunkt sowohl für Helmut Schelskys Negierung einer Klassengesellschaft (siehe unten) als auch für die Konzeption Ralf Dahrendorfs, den Klassenbegriff in neuem Verständnis weiter zu verwenden, um in der modernen Gesellschaft fortexistierende Interessen- und Herrschaftsdichotomien zu erklären. Für Dahrendorf bildeten die Angestellten – in Anlehnung an Max Weber – eine neue „Dienstklasse" [68: DAHRENDORF, Soziale Klasse].

Auf die gesellschaftliche Einordnung der Angestellten in der Bundesrepublik wandten manche Analytiker weiter marxistische Klassenvorstellungen an [z.B. 92: STEINER, Strukturveränderungen]. Andere Autoren verwendeten den Klassenbegriff im Sinne Max Webers, wieder andere synonym mit dem Begriff der gesellschaftlichen Schicht. CRONER versuchte, die Angestellten an Hand von Gemeinsamkeiten der ökonomischen Verhältnisse, des sozialen Status' und der sozialen Wertungen als „soziale Klasse in der modernen Gesellschaft" zu bestimmen. Doch bereits HARTFIEL zeigte, daß dies nicht haltbar ist [66: CRONER, Die Angestellten, 184ff.; 37: HARTFIEL, Angestellte, 104–110; 92: STEINER, Strukturveränderungen, 191–200].

Schelsky: Nivellierte Mittelstandsgesellschaft

Den Standesbegriff belebte Helmut Schelsky in den fünfziger Jahren mit dem Begriff der „nivellierten Mittelstandsgesellschaft" noch einmal. Schelsky bezeichnete damit – als Antithese zur Vorstellung einer Klassenstruktur – die mentale und kulturelle Orientierung der gesellschaftlichen Schichten an einem „mittelständischen" Leitbild: Durch massenhafte gesellschaftliche Aufstiegsprozesse (u. a. der Industriearbeiter, technischen und Verwaltungsangestellten) und Abstiegsprozesse (Flüchtlinge, Vertriebene, Kriegsbeschädigte, politisch Deklassierte etc.) sowie durch staatliche Steuer- und Sozialpolitik seien Klassengegensätze vermindert und ehemals für die Arbeiterschaft und das Bürgertum typische Unterschiede des Lebensstils – wie der Vorstellungen von Familie, Freizeit und Konsum – in der Gesellschaft der fünfziger Jahre eingeebnet worden [zusammenfassend zuletzt 85: SCHELSKY, Bedeutung, 355f.].

Schelsky setzte sich mit dem Begriff der „nivellierten Mittelstandsgesellschaft" nicht durch. Die nachfolgende Forschung zeigte, daß in der Bundesrepublik keine gesamtgesellschaftliche Nivellierung stattfand, wenngleich zweifellos große Gruppen aufstiegen, sondern daß schichtenspezifische Aufstiegs-, Einkommens- und Mentalitätsgrenzen weiterbestanden bzw. nach der Ausnahmesituation der frühen Nachkriegszeit bald wiederhergestellt wurden [63: BRAUN, Schelskys Konzept; 78: MOOSER, Arbeiter, Angestellte; siehe auch 41: KADRITZKE, Angestellte, 47–55]. Der Mittelstandsbegriff wird gelegentlich noch als berufsständische Kategorie benutzt.

Schichtungsbegriff statt Standesbegriff

Hingegen setzte sich der Schichtungsbegriff durch. Darin wirkte sich der Einfluß amerikanischer Analysen aus. Der Begriff der Schichtung stellt nicht nur auf ökonomische oder politische Kategorien ab, sondern erlaubt auch, Kriterien wie Besitz, Einkommen, formale Qualifikation, erlernten und ausgeübten Beruf, Berufsstellung, gesellschaftliches Ansehen, Konfession, Geschlecht, Alter, die je nach Fragestellung in unterschiedlichem Maß wichtig sind, zu isolieren und zu Merkmalsbündeln für eine möglichst realitätsnahe Analyse zusammenzufassen.

Funktionale Differenzierung

Die von der Bundesregierung in den fünfziger Jahren angeregten Arbeiten über die Lage der Angestellten bestechen durch die Fülle des empirischen Materials. Die darauf aufbauenden Analysen führen die Autoren zu dem Urteil, die Angestellten als funktional stark differenzierte, mehrschichtige Gruppe mit überaus unterschiedlichen Daseinsformen zu interpretieren [79: NEUNDÖRFER, Die Angestellten, IX, 48–53; 190: STAMMER, Angestellte und Arbeiter]. Dies wurde in einer Folgestudie über die Arbeitsverhältnisse und die Abgrenzung von Angestellten und Beamten in der Kommunalverwaltung vertieft [191: STAMMER, Beamte und Angestellte]. Eine Bestandsaufnahme der Angestellten in der Gesellschaft um 1960 wie auch ihrer inneren Differenzierung präsentierte ein von HANS BAYER herausgegebener Tagungsband [61: Angestellte]. Weitere wichtige Beiträge zur Angestelltensoziologie stammen von SIEGFRIED BRAUN und HANS PAUL BAHRDT. BRAUN urteilte vornehmlich auf Grund von Untersuchungen der Industriebürokratie – die marxsche Theorie differenzierend –, die Angestellten trennten von den Arbeitern keine Klassendifferenzen, sondern funktionale Unterschiede [64: BRAUN, Soziologie, 120]. BAHRDT untersuchte die Entstehung der Angestellten ebenfalls auf der Betriebsebene; er argumentierte, die Angestellten seien keine soziale Schicht, sondern von „merkmalsloser Bürgerlichkeit“, unvollständig in der Gesellschaft verortet [159: Industriebürokratie].

Weiter bestehendes Abgrenzungsbedürfnis

In der Bundesrepublik sind die gesellschaftliche Lage und das Bewußtsein „der“ Angestellten weiterhin überaus uneinheitlich. Eine empirische soziologische Untersuchung der Ingenieure, vornehmlich mit Hamburger Daten, kam zu dem Ergebnis, daß deren soziale Lage und Bewußtsein sehr differenziert sind, daß sich aber auch die „unteren Randgruppen der Ingenieure von der Situation und dem Bewußtsein von Handarbeitern“ stark absetzen [45: LAATZ, Ingenieure, 324]. BAHRDT fand heraus, daß auch in der Bundesrepublik Hierarchievorstellungen und der Aufstiegsgedanke das Bewußtsein der Angestellten – anders als das der Arbeiter – stark prägen, und zwar vielfach durchaus illusionär. Für diese Prägung sei vornehmlich nicht unternehmerische Politik veranwortlich, sondern das Bedürfnis der Betreffenden, sich nach unten abzugrenzen und die Perspektive des Aufstiegs nicht zu verlieren [159: Industriebürokratie, 106–126].

Materialreiche Grundlagen für die Schichtungsdiskussion bieten Enquêten der Angestelltenverbände über die Herkunft, wirtschaftliche

Lage etc. ihrer Mitglieder (siehe die Zusammenstellung S. 63f.). Sie lassen erkennen, daß sich die Angestellten im 19. Jahrhundert in großem Umfang aus dem „alten Mittelstand" rekrutierten, vor allem aus dem Kleingewerbe. Mit fortschreitendem Wachstum der Angestelltenzahlen nahmen die Selbstrekrutierung und der Zustrom aus der Arbeiterschaft zu. Die Rekrutierung unterschied sich entlang der Linie zwischen Kaufleuten und Technikern. Zudem vollzog sich die Mobilität zwischen Arbeitern und Angestellten typischerweise nur über kurze Distanzen, so daß die unteren Angestellten eine „Pufferfunktion" zwischen den Arbeitern einerseits und mittleren und oberen Angestellten andererseits hatten [74: HÖRNING, Mittelschichten, 154ff.]. Die meisten der (nicht sehr zahlreichen) weiblichen Ministeriumsangestellten, die ELISABETH LEMBECK für die Weimarer Zeit untersuchte, kamen aus Familien von Beamten oder Freien Berufen [113: Frauenarbeit, 134]. Nach einer Enquête des GDA von 1930 stammten von den in die Erhebung einbezogenen Angestellten 28,6% von Handel- und Gewerbetreibenden ab, 25,0% von Arbeitern, 19,6% von Angestellten, 19,4% von mittleren Beamten, 4,1% von Landwirten und 3,3% von höheren Beamten und Selbständigen [15: GDA, Lage, 43].

Herkunft aus dem „alten Mittelstand"

Neuere Studien stützen das skizzierte Rekrutierungsmuster. Untersuchungen über die Herkunft der Büroangestellten zeigen, daß der Anteil derjenigen, deren Väter einen niedrigeren gesellschaftlichen Status hatten (Arbeiter, Facharbeiter, unselbständige Handwerker), bei den Geburtsjahrgängen bis etwa 1900 zunahm, hingegen bei denjenigen der beiden folgenden Jahrzehnte zurückging. Nun gewann die Selbstrekrutierung noch weiter an Bedeutung, die bei den Büroangestellten ohnehin stets eine große Rolle gespielt hatte [76: KLEINING, Struktur- und Prestigemobilität; dazu und zur weiteren Forschung: 251: KAELBLE, Mobilität, 66f.; 42: Kocka, Die Angestellten, 201f.]. Ein ähnliches Ergebnis erbrachte eine soziologische Studie über die Bankangestellten 1958 [40: JANBERG].

Selbstrekrutierung

Dies gilt schließlich auch für die akademischen Berufe, wie HARTMUT TITZE bei einer umfangreichen empirischen Erhebung zur Nachwuchsrekrutierung durch akademische Karrieren von etwa 1820 bis 1950 herausfand: An den preußischen Universitäten stieg der Anteil von Studenten aus Angestelltenfamilien von 2–3% 1886/87 auf 12–13% 1927/32, während der Anteil von Studenten aus Familien von Handel- und Gewerbetreibenden sank und derjenige aus Arbeiterfamilien marginal blieb. Insgesamt nahm der Anteil von Beamten- und Angestelltensöhnen an den Studenten gewaltig zu: von rund 40 auf mehr als 60% (1880/1930). Der Zustrom zu den akademischen Berufen

Akademische Karrieren

erweiterte sich von den Kindern der Selbständigen zu denen der Unselbständigen und von den höheren zu den mittleren Herkunftsgruppen [56: TITZE, Akademikerzyklus, 129, 151–154].

Soziale Mobilität und Milieus

Elite- und Mobilitätsuntersuchungen richten sich meist auf politische Eliten und Unternehmer [z. B. 91: STAHL, Elitekreislauf, über die Herkunft von Eigentümer- und Angestellten-Unternehmern seit dem 18. Jahrhundert], weniger auf Angestellte. Zu den Ausnahmen gehören die Arbeiten von HARTMUT KAELBLE über die soziale Rekrutierung der Angestellten (und Beamten) seit dem Kaiserreich in Deutschland und im internationalen Vergleich. KAELBLES Urteil von 1983 ist auch heute noch gültig: daß es, um die Geschichte der Rekrutierung von Angestellten zu erhellen, „noch vieler historischer Detailuntersuchungen, Stadtstudien, Analysen der außerakademischen Berufsausbildung, Fallstudien zu einzelnen Unternehmen und Erhebungen auf nationalem Level bedarf" [251: Mobilität, 110–122, Zitat 120]. Eine Langzeituntersuchung der intergenerationellen konnubialen und beruflichen Mobilität in zwölf Orten führte REINHARD SCHÜREN durch. Seine Ergebnisse deuten darauf hin, daß von etwa 1900 bis zu den 1930er Jahren Einheirat von Angestellten in die Mittel- und Oberschicht zahlreicher wurde, hingegen die Eheschließung mit Arbeitern relativ abnahm; am stärksten nahmen die Heiratskontakte untereinander zu (Endogamie) [87: Mobilität].

Öffnung oder Abschließung der Eliten?

Neuere empirische Untersuchungen zeigen, daß die Leitung großer Unternehmen in der Regel nicht an Kapitalbesitz geknüpft ist; es dominiert der angestellte Unternehmer. Freilich ist der Aufstieg aus der Arbeiterschaft in Spitzenpositionen der Wirtschaft – bei starken Unterschieden zwischen Wirtschaftsbereichen und -branchen – nach wie vor selten. Nur etwa 5–11% der heutigen Manager haben Arbeiter (oder unselbständige Handwerker) zum Vater. Am stärksten ist die Selbstrekrutierung verbreitet: rund ein Drittel der Manager stammt von angestellten oder selbständigen Unternehmern ab, einschließlich der Freien Berufe und der kleinen Gewerbetreibenden. 20% und mehr stammen aus Beamten-, ähnlich viele aus Angestellenfamilien. Milieufaktoren besitzen also offenbar weiterhin große Bedeutung für den sozialen Aufstieg. Einige Erhebungen geben zwar Öffnungstendenzen seit den 1970er Jahren zu erkennen, vor allem im Zusammenhang mit der stärkeren Verbreitung von schulischer und Hochschulbildung [33: EBERWEIN/THOLEN, Managermentalität, 42–47]. Doch andere sehen gerade entgegengesetzt beim Spitzenmanagement gegenwärtig eher die Tendenz zu stärkerer sozialer Abschließung, was – nach der Phase einer nachkriegsbedingt vergleichsweise offenen Rekrutierung – im internationalen Vergleich eher die „Normalität" sei. Deshalb könne von einer Erosion stabiler Sozialmilieus, die manche Sozialwissenschaftler mit Begriffen wie Differenzierung, Pluralisierung oder Individualisierung beschreiben, keine Rede sein [38: HARTMANN, Topmanager, 13, 58–65].

D. Die weiblichen Angestellten

1. Zum Forschungsstand

Die Forschung hat die weiblichen Angestellten lange nur am Rande untersucht und sie meist als Teilaspekt der Angestellten thematisiert [117: LÜSEBRINK, Büro, 24 ff.]. Offenbar erfassen Begriffe wie Schicht, Herrschaft und Produktion, die die schichtungstheoretische, organisationsgeschichtliche, politisch-soziologische bzw. betriebliche Betrachtung der Angestellten bestimmen, spezifisch weibliche Lebenszusammenhänge nicht hinreichend [99: FREVERT, Weiblichkeit, 507 f.]. Seit den siebziger Jahren hat sich die Situation nachhaltig verändert. Studien über weibliche Angestellte sind in so großer Zahl entstanden, daß man die Angestelltengeschichte in vielen Bereichen unter geschlechtsspezifischen Aspekten schreiben könnte. Zugleich hat sich der Fokus verschoben: Interessenschwerpunkt und organisierendes Prinzip der Frauenforschung ist häufig der Lebenszusammenhang der untersuchten Gruppen. Viele Studien überwinden die traditionelle Trennung von häuslicher und außerhäuslicher Sphäre [z. B. 134: WIERLING, Mädchen; 121: NIENHAUS, Berufsstand].

Einen Hinweis auf die Überwindung von Forschungstraditionen und -abgrenzungen mag man auch darin sehen, daß es kaum reine Organisationsgeschichten der Verbände bzw. Gewerkschaften weiblicher Angestellter gibt. Zu den wenigen Ausnahmen gehört die Dissertation von STEFFI M. TARRASCH über das Problem der Organisation weiblicher Angestellter [132], ferner eine knappe Skizze der Frauenverbände in der Bundesrepublik [135: WIGGERSHAUS, Geschichte] sowie eine ausführliche Darstellung von BRIGITTE KERCHNER über Frauenberufsverbände 1848–1908. Sie untersuchte weibliche Angestellte vornehmlich in Handel und Verkehr, Volksschule, sozialen und pflegerischen Berufen an Hand der Frage, ob geschlechtsspezifische oder Klasseninteressen stärker die Verbandsarbeit prägten [109: KERCHNER, Beruf]. Die meisten Arbeiten banden die institutionengeschichtliche Darstellung in die Untersuchung der Arbeits-, Familien- und Geschlechtsverhältnisse ein [z. B. 99: FREVERT, Weiblichkeit; 121: NIENHAUS, Berufsstand; 115:

LORENTZ, Aufbruch]. Dies war konzeptionell bedingt und resultierte offensichtlich weniger daraus, daß die Historiographie über die Verbände weiblicher Angestellter noch schmal ist.

Über den neuen Ansätzen der Frauenforschung darf nicht vergessen werden, daß es stets Arbeiten über die weiblichen Angestellten gab. Diese umfassen im wesentlichen Verbandsliteratur im engeren Sinn, zeitgenössische sozialwissenschaftliche Untersuchungen sowie historische Studien aus der Feder von Frauen, selten von Männern. Erhebungen über die Erwerbstätigkeit weiblicher Angestellter wurden meist in Krisen durchgeführt. Bereits um 1908 untersuchte IDA KISKER die Lage Leipziger Kontoristinnen auf der Grundlage u.a. von 465 Fragebögen [110: Frauenarbeit]. In der Weltwirtschaftskrise dokumentierte eine Erhebung der Arbeitsgemeinschaft Deutscher Frauenberufsverbände auf der Grundlage von 24676 Fragebögen 1928/29 die Lage vornehmlich von großstädtischen Büroangestellten [16: GLASS/KISCHE, Verhältnisse]. Die Lage weiblicher Angestellter – vor allem von Verkäuferinnen in Großstädten – untersuchte der Zentralverband der Angestellten 1930 [5741 Fragebögen; 26: SUHR, Die weiblichen Angestellten]. LEO HILBERATH dokumentierte 1931 die Lebensverhältnisse von Verkäuferinnen im Kölner Lebensmittelhandel mit 500 Fragebögen [106: Lebensschicksal, 1934].

Die meisten frühen Studien über die weiblichen Angestellten dienten dem Ziel, die große Belastung und strukturelle Benachteiligung der erwerbstätigen Frauen zu belegen, um deren Lage zu verbessern [z.B. 101: GEYER, Frauenerwerbsarbeit]; denn viele Frauen hatten neben dem Beruf in der Regel mehr oder weniger allein den Haushalt zu führen und Kinder zu betreuen, waren also dreifach belastet.

Ein Teil der Arbeiten, vor allem die Pionierstudien, stammte von Funktionär(inn)en der Verbände der weiblichen Angestellten und aus deren Umkreis [z.B. 100: GADESMANN, Kaufmännische Angestellte (1910/11); 119: MLEINEK, Handelsgewerbe (1921)]. Ein anderer Teil wurde, vornehmlich seit den zwanziger Jahren, als mehr und mehr weibliche Studierende die Hochschulen besuchten, von Frauen im Rahmen ihrer wissenschaftlichen Qualifikation geschrieben. Zu den frühesten gehört eine 1906 publizierte Berliner Dissertation über die Ursachen der Gehaltsunterschiede von Männern und Frauen in Büro- und Verkaufsberufen, bei der Post und bei Lehrer(inne)n [127: SALOMON, Ursachen]. Ferner sind Untersuchungen einzelner Branchen zu nennen [z.B. 114: LÖVINSON, Frauenarbeit in Bankbetrieben].

Bis zu den ersten Jahrzehnten der Bundesrepublik orientierten sich die meisten Untersuchungen von Frauen über die Berufsarbeit ihrer Geschlechtsgenossinnen am Leitbild der Männerarbeit. Die Frauen wollten gleiche Entlohnung, gleiche Zugangsbedingungen und gleiche Aufstiegschancen haben. Viele frühe Studien hatten deshalb einen moralisierenden, anklagenden, defensiven Grundton. Mit dem Erstarken der Frauenforschung wurde die Diktion offensiver, mitunter aggressiv. Dies trat zurück, seit die Frauenforschung an Breite und Tiefgang gewann und der Gender-Aspekt eine mehr und mehr selbstverständliche Kategorie der Angestelltenforschung wurde. Gleichwohl ist die Frauenforschung selbst bislang noch entlang der Geschlechtslinie segmentiert. Keineswegs betreiben Männer und Frauen wie selbstverständlich nebeneinander diese Forschungen, sondern die Geschichte der weiblichen Angestellten wird bislang überwiegend von Frauen erforscht.

2. *Überblick, Gesamtentwicklung*

In den kleineren Betrieben übernahmen Mitte des 19. Jahrhunderts zunächst Töchter, in geringerem Maß Ehefrauen und unverheiratete Schwestern der Unternehmer die Büroarbeit. Um 1890, mit Zunahme der Schreibtischarbeit, begannen in großer Zahl familienfremde Frauen in den Büros zu arbeiten. Die Mehrzahl hatte höhere Schulbildung. Die meisten Verkäuferinnen hingegen verfügten in dieser Zeit nur über Elementarschulkenntnisse [131: SEGELKEN, Stenographie, 26].

Anzahl

Die Zahl der weiblichen Angestellten (und Beamten) stieg bedeutend an, weit stärker als die der Angestellten insgesamt. Allerdings ist die zuverlässige statistische Erfassung schwierig, wenn nicht gar unmöglich. 1882 lag der Anteil der Frauen an den Angestellten bei 13 bis 18%, 1933 bei 38%. Setzt man, um einen Anhaltspunkt zu haben, die Zahl der männlichen Angestellten und Beamten 1882 gleich 100, so lautet der Wert für 1933 349; bei den weiblichen Angestellten und Beamten hingegen 2009. Am stärksten wuchs die Zahl der weiblichen Angestellten (und Beamten) zwischen 1907 und 1925, wahrscheinlich zwischen 1918 und 1925. Insgesamt verdreifachte sich die Zahl der weiblichen Angestellten 1907 bis 1925 auf rund 1,5 Mio. und wuchs ihr Anteil an den erwerbstätigen Frauen von 5 auf 12,6% [97: FREVERT, Frauen-Geschichte, 172].

Traditionelle Frauenrollen

Die Verbände der weiblichen Angestellten warben für die Anerkennung der Frauenarbeit, indem sie „weibliche Eigenschaften“ als besonders gute Voraussetzungen für die Berufstätigkeit herausstrichen – z. B. Liebenswürdigkeit und Beredsamkeit für die Verkäuferin, Sorgfalt und Zuverlässigkeit für die Kassenbeamtin [118: MEYER/SILBERMANN, Frau, 261 f.; 102: GREFEN, Frauenfrage]. Die Argumentation mit verfestigten Geschlechterrollen begegnet vor allem um die Jahrhundertwende und erneut in den dreißiger Jahren in psychosozial orientierten Arbeiten, die die „natürliche Eignung der Frau" für bestimmte Berufe nachweisen wollten [z.B. 104: HAUG, Frau im Einzelhandel; 105: HERZ: Typologie; siehe auch 96: BLUM, Arbeitsteilung, 51–60, 86–88]. Den Widerstand der männlichen Berufskollegen gegen die unliebsame Konkurrenz („Schmutzkonkurrenz") überwanden sie damit nicht. Sie reproduzierten und perpetuierten vielmehr traditionelle geschlechtsspezifische Rollenvorstellungen, worin heutige Frauenforscherinnen eine „durchaus anti-emanzipatorische Funktion" sehen [98: FREVERT, Klavier, 93; 121: NIENHAUS, Berufsstand, 24ff.]. Erst in der Weimarer Zeit trat ein neues Frauenbild hervor: die wirtschaftlich, politisch und sexuell befreite „Neue Frau". Als ihr Prototyp galt die weibliche Angestellte. Ihr Leitbild war die junge, erwerbstätige, selbstbewußte Frau in der Großstadt. Sie drückte Modernität, Rationalität und Sachlichkeit im Lebensstil (Unabhängigkeit, Sport, Tanzen, Rauchen, Kinobesuch) und durch Kleidung und Frisur aus („Garçonne-Stil", Bubikopf) [140: WYSOCKI, Aufbruch]. Doch das Geschlechterverhältnis veränderte sich trotz Demokratisierung und gesellschaftlicher Modernisierung nicht nachhaltig.

Die Erwerbstätigkeit ist der wichtigste Fluchtpunkt der jüngeren historisch-sozialwissenschaftlichen Forschung über die weiblichen Angestellten. Dabei thematisieren nur wenige Autorinnen die Angestellten allein. Dazu gehören der Überblick von URSULA NIENHAUS über die weiblichen Angestellten im Kaiserreich und ihre Organisationen [121: Berufsstand; 122: DIES., Von Töchtern] sowie eine sozialwissenschaftliche Studie von KARIN LÜSEBRINK. Sie untersuchte für 1850 bis 1933, warum die Spaltung des Arbeitsmarkts für Büroarbeit nach Geschlechtern trotz gewaltiger Veränderungen der Wirtschafts- und Sozialstruktur Bestand hatte. Sie zeigte, daß es wichtig ist, dazu nicht nur Berufe, sondern auch die Branchen zu untersuchen. Denn Frauen mit gleichem Beruf waren in den Branchen verschieden stark vertreten. Zur Erklärung verwies sie auf kulturell geprägte Zusammenhänge von Arbeitsbereichen und „Weiblichkeitsmustern", wie sie aus der Sozialisationsforschung bekannt sind [117: LÜSEBRINK, Büro].

Modernisierung

Die meisten Autorinnen aber untersuchten die Erwerbstätigkeit von Frauen insgesamt: als Indikator gesellschaftlicher Modernisierung, diese verstanden als Übergang von der familialen häuslichen Arbeit zur marktvermittelten (arbeitsvertraglich geregelten, bezahlten) Erwerbsarbeit. Damit sind u.a. Veränderungen der Qualifikation und sozialen Sicherung (eigener, nicht vom Mann abgeleiteter Rentenanspruch) und gesellschaftlicher Rollen verbunden. Den geschlechtsspezifischen Strukturwandel der Erwerbstätigkeit im Industrialisierungsprozeß untersuchte ANGELIKA WILLMS in einer sozialstatistischen Studie, vornehmlich an Hand der amtlichen Berufszählungen 1882 bis 1939 [136: Entwicklung]. Die 1980 publizierte Arbeit war insbesondere deshalb innovativ, weil sie die Lebensphasen und den Familienzyklus einbezog. Dazu wurden im Rahmen des Mannheimer Forschungsprojekts „Vergleichende Analysen der Sozialstruktur mit Massendaten" (VASMA) weitere Untersuchungen publiziert. Diese zeigten u.a. eine massive Steigerung der Erwerbstätigkeit von Ehefrauen: eine für die Angestellten (anders als für die Arbeiter) neue Erscheinung [120: MÜLLER/WILLMS/HANDL, Strukturwandel].

Frauenarbeit im Weltkrieg

Im Ersten Weltkrieg ersetzten Frauen in großer Zahl einberufene Männer und übernahmen bislang typische „Männerberufe". Doch nicht nur die Anzahl, auch die Erwerbsstruktur änderte sich: Viele Frauen verließen ihre bisherigen Arbeitsfelder, insbesondere in der Landwirtschaft, im Haushalt (Dienstboten) und in der Textilindustrie, und nahmen eine Tätigkeit in der Kriegswirtschaft, im Handel und Verkehr, bei der Militärverwaltung und der Krankenpflege auf [101: GEYER, Frauenerwerbsarbeit, 17].

Erwerbsbeteiligung

Als nach Kriegsende Millionen Kriegsteilnehmer heimkehrten und auf den Arbeitsmarkt drängten, mußten viele Frauen ihren Arbeitsplatz räumen. Manche wurden in die Arbeitslosigkeit, manche zurück in die Familien gedrängt. Die Demobilmachungsausschüsse erhielten die Handhabe, die Entlassung von Frauen durchzusetzen, deren Männer ein Einkommen hatten. Nun schlug, auch in den Kreisen der Linken, die Auffassung wieder durch, die verheiratete Frau gehöre ins Haus. So stand bei Untersuchungen über die weiblichen Angestellten in der Weimarer Zeit meist die Frage nach der Segmentierung des Arbeitsmarktes entlang der Geschlechtslinie im Vordergrund. SUSANNE ROUETTE zeigte, daß die Arbeitsmarkt- und Sozialpolitik in Groß-Berlin 1918 bis 1923 durch Geschlechtsstereotype geprägt war, welche Erwerbsarbeit für Männer als Regel, für Frauen aber als Ausnahme vorsahen [126: ROUETTE, Sozialpolitik]. Ob die Berufstätigkeit geschlechtsspezifische Trennungslinien verlängerte und verstärkte oder neue „Emanzipationspotentiale" schuf, fragte ELLEN LORENTZ in einer sozialwissenschaftlichen Untersuchung der Arbeitsverhältnisse, Lebenszusammenhänge und Rollenerwartungen sowie der Verbandsentwicklung der weiblichen Angestellten, insbesondere des einflußreichen VWA. Sie arbeitete heraus, daß die Arbeit den Frauen Chancen ebenso wie Gefährdungen eröffnete. Die Diskussion der zwanziger Jahre war vom Zweiphasenmodell „weiblicher Normalbiographie" geprägt: Berufstätigkeit bis längstens zum 30. Lebensjahr, dann Mutterschaft bzw. Familienarbeit [115: LORENTZ, Aufbruch].

Gehaltsrückstand

Nach dem Ersten Weltkrieg schrumpfte der Gehaltsvorsprung der männlichen Angestellten vor den weiblichen leicht. Dafür war zum einen das Tarifvertragswesen verantwortlich. Die Angestelltenverbände in der frühen Weimarer Zeit setzten mehr und mehr gleiche Bezahlung für Männer und Frauen durch. Allerdings betrafen die Tarifverträge meist Berufe, die überwiegend entweder nur von Frauen oder nur von Männern ausgeübt wurden, so daß sich in der Praxis nicht viel änderte. Zum andern wirkte sich im Aufholen der Frauen aus, daß unter ihnen die Zahl der Beschäftigten mit besserer Qualifikation, höherer Position und höherem Alter tendenziell, wenngleich nur geringfügig zunahm. In der frühen Weimarer Zeit scheint ein Gehaltsrückstand weiblicher Angestellter gegenüber männlichen von etwa zehn Prozent bei gleicher Tätigkeit die Regel gewesen zu sein [101: GEYER, Frauenerwerbsarbeit, 63].

Der berufliche Einsatz der Frauen im Krieg hatte ein Tor geöffnet. Er hatte diejenigen widerlegt, die den Frauen die Fähigkeit abgesprochen hatten, Männer zu ersetzen. Tatsächlich war die weibliche Erwerbstätigkeit nach dem Krieg trotz Entlassungen umfangreicher als zuvor. Dies galt für die Industrie ebenso wie für die Dienstleistungen: für die Kredit- und Versicherungswirtschaft, Post und Eisenbahn [101: GEYER, Frauenerwerbsarbeit, 21, 35]. In den frühen zwanziger Jahren, als die Inflation den Unternehmen eine expansive Beschäftigungspolitik leicht machte, wuchs die Frauenarbeit, und zwar besonders stark in der Kredit- und Versicherungswirtschaft. Nach der Währungsreform wurde dies in erheblichem Umfang rückgängig gemacht.

Frauen in unteren Positionen

Die Zunahme der Frauenerwerbsarbeit stand mit der „Amerikanisierung" der Büroarbeit in Verbindung: mit der Einführung von Rechen-, Buchungs-, Adressier-, Frankiermaschinen etc. Die Verwendung diverser Hilfsmaschinen trieb die Ausprägung eines spezifischen Berufsfeldes für Frauen voran, das minder qualifizierte und schlecht bezahlte Arbeit kennzeichnete, wie bereits MARGARETE BLUM bei einer Auswertung der Berufszählung 1925 zeigte [96: BLUM, Arbeitsteilung, 45f.; 131: SEGELKEN, Stenographie, 240–258].

Akademisierung

Andererseits begannen sich die akademischen Berufe für Frauen zu öffnen. Dies war ein schwieriger und langsamer Prozeß, der sich erst nach dem Zweiten Weltkrieg beschleunigte. 1893 erhielten Frauen Zugang zum Abitur. 1899 wurden sie zur medizinischen und pharmazeutischen Staatsprüfung zugelassen. Als Studierende gelang ihnen der

Durchbruch in der frühen Weimarer Zeit. 1913 studierten 3300 Frauen an den deutschen Universitäten; 1921 waren es 8200 sowie 3833 an sonstigen Hochschulen, v.a. Musikhochschulen [101: GEYER, Frauenerwerbsarbeit, 39ff.]. Insgesamt brachte die Weimarer Zeit einen gewaltigen, von den Zeitgenossinnen euphorisch aufgenommenen Aufbruch der Frauenrolle, der weiblichen Erwerbsarbeit und der politischen wie gewerkschaftlichen Integration auch der Angestellten. Die zeitgenössische Sicht der Frau als „ebenbürtiger Partnerin des Mannes" zeigt beispielhaft der große Sammelband „Die Kultur der Frau" 1931: eine Bestandsaufnahme, in der mehrere Dutzend Autorinnen die historische Entwicklung sowie das Engagement der Frauen in der Öffentlichkeit, im Erwerbsleben und im Privatbereich darlegten [128: SCHMIDT-BEIL, Kultur der Frau, 130–144 und 169–177 über die weiblichen Angestellten].

Weltwirtschaftskrise

In der Weltwirtschaftskrise zeigte sich erneut, wie bereits während der Inflation, daß die Frauen vielfach nur als „Reservearmee" des Arbeitsmarktes fungierten. Kampagnen gegen „Doppelverdiener" verdrängten viele Frauen, wie eine Skizze weiblicher Büroangestellter während der Weltwirtschaftskrise im Frankfurter Raum zeigt [112: KRAMER, Büroangestellte; 101: GEYER, Frauenerwerbsarbeit, 18]. Der Nationalsozialismus setzte anfangs die Bemühungen, Frauen aus der Erwerbstätigkeit zu verdrängen, mit Verboten und Anreizen fort. Doch er gab dies beim Rückgang der Arbeitslosigkeit auf und begann, Frauenarbeit zu forcieren, besonders im Zweiten Weltkrieg, wenngleich der Mangel an Arbeitskräften nun nicht, wie 1914/18, überwiegend durch Einsatz deutscher Frauen, sondern von Zwangsarbeiter(inne)n ausgeglichen wurde. Doch insgesamt war das Leitbild der nicht erwerbstätigen Hausfrau und Mutter mehr Propaganda als Realität [130: SCHULZ, Sicherung von Frauen, 123ff., 143ff.]. Die traditionelle und volksgemeinschaftliche, patriarchalisch restriktive und antiemanzipatorische Politik des Regimes in bezug auf die weibliche Erwerbstätigkeit hat DÖRTE WINKLER ausführlich dargestellt [138: Frauenarbeit; 139: DIES., Frauenideologie].

NS-Zeit

Aufholen in der Bundesrepublik

In der Bundesrepublik wuchs die Zahl weiblicher Angestellter vor allem mit der Ausweitung des Dienstleistungsbereichs. Im Kreditgewerbe stieg der Frauenanteil von einem Drittel 1950 auf gegenwärtig mehr als die Hälfte der Beschäftigten. Die weitaus stärkste Expansion erfolgte in den fünfziger Jahren. Zunehmend arbeiteten Frauen auch im Kreditgeschäft sowie am Schalter, was bis etwa Mitte der zwanziger Jahre den Männern vorbehalten gewesen war. Seit den siebziger Jahren haben Frauen mehr und mehr Anteil an den Höherqualifizierten, doch weiterhin steigen sie nur selten bis zur Führungsebene auf. Unter den arbeitslosen Bankfachkräften sind Frauen überproportional vertreten. Rund ein Fünftel der weiblichen Bankfachleute ist teilzeitbeschäftigt [108: HOFFMANN, Damen, 55–60]. Die Segregation des Arbeitsmarktes und der betrieblichen Positionen nach Geschlecht hat im Vergleich mit der Vorkriegszeit stark an Bedeutung verloren, vornehmlich seit den 1970er Jahren. Sie ist aber, kulturell gestützt und verfestigt, nach Branchen verschieden weiterhin vorhanden.

3. Einzelprobleme und Branchen

Die Geschichte der weiblichen Angestellten ist zuvörderst eine Geschichte der Zuweisung traditioneller Rollen. Diese ist offenbar hauptsächlich vom „Geschlechtscharakter" und vom „Klassencharakter" bestimmt. Welchem der beiden mehr Gewicht zukommt, ist ein zentrales Thema der neueren Angestellten-Frauengeschichte [insbes. 95: ADAMS, Women Clerks; 109: KERCHNER, Beruf]. Beide scheinen stärker als der „Sozialcharakter", die gesellschaftliche Rangzuweisung, zu wirken, wiewohl es viele wechselseitige Einflüsse gibt. Anfangs waren die Hindernisse für Frauen groß, überhaupt Angestelltenarbeit zu übernehmen. Die Untersuchungen zeigen die lange Wirksamkeit der Anschauung, es schicke sich nicht für Frauen aus dem Bürgertum, Erwerbsarbeit nachzugehen – abgesehen von Unternehmerinnen. Noch bis in die 1960er Jahre hinein wurde Frauenarbeit vielfach als Ausdruck sozialer Deklassierung betrachtet. Ferner drückte sich der Statusunterschied zwischen Angestellten aus dem Bürgertum und solchen aus der Arbeiterschaft darin aus, daß erstere eher im Büro arbeiteten, letztere eher im offenen Laden: Büroarbeit war nicht so stark dem öffentlichen Einblick ausgesetzt wie der Verkauf im Laden. Gegenwärtig zieht der „Geschlechtscharakter" weniger stark eine Grenzlinie vor der Erwerbstätigkeit als innerhalb der Berufe und Positionen.

Die Angestelltenforschung hat eine Reihe struktureller Benachteiligungen der Frauen gegenüber den Männern zutage gefördert. Sie waren vor hundert Jahren stark ausgeprägt und verlieren zur Gegenwart hin an Kontur:

Berufserwartung und Qualifikation

– Andere Berufserwartung, damit verbunden geringere Qualifikation und größere Duldungsbereitschaft. Die Frauen, die im 19. Jahrhundert als Angestellte in der Industrie arbeiteten, waren überwiegend ledig und im Alter von etwa 14 bis Mitte 20 Jahren. Transitorische, nicht andauernde Berufstätigkeit herrschte auch in der Weimarer Zeit vor. Daneben waren wenige ältere, oftmals verwitwete oder geschiedene

Frauen auf Grund sozialer Not erwerbstätig. Die Frauen in den kaufmännischen Berufen hatten mindestens bis zur frühen Weimarer Zeit meist nur die Handelsschule (häufig eine private sogenannte „Presse", die in kurzer Zeit nur Grundkenntnisse vermittelte) absolviert, die Männer hingegen meist eine mehrjährige Lehre. Der unterschiedliche Ausbildungsstand war von Anfang an eine Kardinalfrage der weiblichen Angestellten. Praktische Ratgeber für die Berufswahl [z.B. 107: HÖRBRAND, Handels- und Bureau-Angestellte (1926)] und die Frauenverbände versuchten, den Frauen durch Verbesserung der Ausbildung Anerkennung zu verschaffen. Die Weltkriege, vor allem der Zweite, und die Nachkriegsschwierigkeiten trugen offenbar katalytisch zur Durchsetzung der weiblichen Angestelltenarbeit bei. Doch entscheidend scheint der langfristige gesellschaftliche Wandel des Frauenbildes gewesen zu sein.

Positionen und Gehälter

– Niedrigeres Niveau der Positionen und Gehälter: Frauen gelangten nur selten in höhere Positionen. Manche Frauenberufe, z.B. die technische Assistentin, boten gar keine Aufstiegsmöglichkeiten. Der Aufstieg von der Verkäuferin zur Filialleiterin oder von der Stenotypistin zur Privatsekretärin war möglich, doch selten. 1936 waren von den weiblichen Handels- und Büroangestellten ein Prozent Abteilungsleiterin, Prokuristin oder Handlungsbevollmächtigte, zwei Prozent Reisevertreterin, je drei Prozent Lagerverwalterin und Zeitungsausträgerin, 13% Buchhalterin oder Kassiererin, 20% Korrespondentin oder Stenotypistin, 56% Verkäuferin und zwei Prozent Sonstige [138: WINKLER, Frauenarbeit, 55; siehe auch 90: SPEIER, Die Angestellten, 59–65]. Weibliche Angestellte waren weniger auf den beruflichen Aufstieg fixiert als Männer, wahrscheinlich auch deshalb, weil er für sie kaum erreichbar war. Ihre wichtigste Aufstiegschance war die Einheirat in eine höhere soziale Schicht [90: SPEIER, Die Angestellten, 57f., 95; 106: HILBERATH, Lebensschicksal, 51, 100; 26: SUHR, Die weiblichen Angestellten, 19f.]. Der kaufmännische Arbeitsmarkt segmentierte sich entlang der Geschlechtslinie: Männer hatten die höheren, qualifizierteren, besser bezahlten Positionen, Frauen die unteren, geringer qualifizierten und entlohnten Stellungen [98: FREVERT, Klavier, 91]. Deshalb war die Rationalisierung der Angestelltentätigkeiten – ein wichtiges Thema der Gewerkschaften unter dem Stichwort „Humanisierung des Arbeitslebens" [116: LORENTZ, Büro 1880–1930] – vor allem ein Thema der weiblichen Arbeitskräfte. Bereits 1962 skizzierte THEO PIRKER in einer grundlegenden Studie über die Büroautomation die geschlechtsspezifischen Auswirkungen der Mechanisierung [182: Büro].

In der zeitgenössischen Publizistik hielt sich lange die These, mit dem Einsatz der Schreibmaschine seien viele Männer von weiblichen Schreibkräften verdrängt worden. Vor allem die Verbände der männlichen Angestellten vertraten dies lebhaft. Doch wies SABINE SEGELKEN in einer Studie über die technik- und wirtschaftshistorische Seite des Einsatzes von Stenographie und Schreibmaschine in den Büros nach, daß die Schreibmaschine den Einzug der Frauen zwar begünstigte, aber nicht verursachte. Die Frauen wurden hauptsächlich deshalb massenhaft eingestellt, weil der Bedarf an Büroangestellten stark stieg. Zudem reagierten die Unternehmen auf die Vermehrung der Bürotätigkeiten durch umfassende Reorganisation der Büroarbeit, vornehmlich durch Arbeitsteilung nach US-Muster: Die Arbeit sollte zergliedert und jeder Arbeitsschritt von der jeweils billigsten Arbeitskraft ausgeführt werden, sodaß das Gros der Angestellten ausführendes Organ ohne Entscheidungsspielraum war [131: SEGELKEN, Stenographie, 240 ff.].

Verdrängungsthese

Die Beschäftigung weiblicher Angestellter als Wirtschafterin, Gutssekretärin etc. in der Landwirtschaft, wo sie von allen Bereichen am niedrigsten und rückläufig war, hat bislang unter allen Wirtschaftssektoren und Branchen am wenigsten Aufmerksamkeit gefunden. Leben und Arbeit von Dienstmädchen auf den Höfen werden gelegentlich bei Untersuchungen der Dienstboten thematisiert (siehe unten).

Landwirtschaft

Anders in der Industrie: hier war der Anteil weiblicher Angestellter höher und expandierte er stark. Die Frauen arbeiteten vornehmlich in den kaufmännischen Berufen, als Kontoristin für alle anfallenden Büroarbeiten, als Stenotypistin oder als Buchhalterin. Die technischen Berufe folgten mit weitem Abstand erst seit Mitte der zwanziger Jahre. Die Arbeitsverhältnisse und das Organisationsverhalten der weiblichen Angestellten in der Industrie bis 1945 stellte GÜNTHER SCHULZ auf der Grundlage von Verbands- und unternehmensgeschichtlichen Quellen dar; er verband eine Synthese der Literatur mit Quellen- und methodischer Kritik an Aussagen der Angestelltenforschung [129: Die weiblichen Angestellten].

Industrie

Die weitaus meisten weiblichen Angestellten arbeiteten als Verkäuferin im Einzelhandel. Dieser expandierte seit den 1880er Jahren stark, indem er mehr und mehr Versorgungsfunktionen übernahm, die zuvor die Familie bzw. die Hausfrau selbst wahrgenommen hatte. Von 1895 bis 1907 nahm das weibliche Ladenpersonal von 81483 auf 173420 Personen zu, das weibliche Büropersonal von 13763 auf 110220. Die Verkäuferinnen arbeiteten fast ausschließlich im Waren- und Produktenhandel, die Frauen in den Büros knapp zur Hälfte in der

Dienstleistungen

Industrie [119: MLEINEK, Handelsgewerbe, 18; 138: WINKLER, Frauenarbeit, 55].

Anfangs fand die Geschichte der Verkäuferinnen großes Interesse, in jüngster Zeit sind es Angestellte im öffentlichen Dienst und Dienstmädchen. 1993 publizierte ELISABETH LEMBECK eine Sozialstrukturanalyse weiblicher Beschäftigter im Reichsarbeits- und im Preußischen Finanzministerium in der Weimarer Republik (Herkunft, Ausbildung und weitere biographische und berufliche Kennzeichen) [113: Frauenarbeit]. Sie zeigt, daß die öffentliche Verwaltung für die Beschäftigung von Frauen nur wenig geöffnet wurde und daß sie weitgehend auf junge, ledige Frauen und den einfachen und mittleren Bürobereich beschränkt blieb (Telephon-, Kassen-, Registratur-, Kanzlei-, Büro- und Bibliotheksdienst) und stark krisenempfindlich war. Sie versteht die Teilhabe von Frauen an der öffentlichen Verwaltung, einer „Männerdomäne", als demokratisierendes, modernisierendes Element, das sich trotz geschlechtsspezifischer Hemmnisse langfristig durchsetzte.

URSULA NIENHAUS stellte in einer Studie über „die Politik mit der Frauenarbeit" bei der deutschen Post- und Telegraphenverwaltung geschlechtsspezifische und wohlfahrtsstaatliche Fragen in den Vordergrund. Sie griff die zuvor vornehmlich für Arbeiterfrauen belegte These auf, Frauen seien durch die Bindung von sozialer Sicherung an Erwerbsarbeit „grundsätzlich zur gesellschaftlichen Randgruppe gemacht worden". Sie zeigt – mit dem Schwergewicht auf der Beschäftigungs- und der betrieblichen Sozialpolitik –, daß die Post widersprüchliche Ziele hatte: Einerseits wollte sie preiswerte Arbeitskräfte einsetzen, andererseits aber die Maximen traditioneller Familienpolitik (der Mann als „Ernährer") verfolgen. Ergebnis war, vom 19. Jahrhundert bis 1945 unverändert, die Segmentation des Arbeitsmarktes „nach Geschlecht und innerhalb des Geschlechts nach Zivilstand" [123: NIENHAUS, Staat, 13, 19].

Die Domänen der Frauenarbeit im öffentlichen Dienst – nachgerade die „klassischen" Frauenberufe – waren anfangs die Gesundheitspflege und der Krankendienst (insbes. Wartedienst, Hebamme) sowie der Lehrberuf. Immer mehr Frauen aus den gebildeten Schichten ergriffen seit dem 19. Jahrhundert den Beruf der Lehrerin. Dieser bot ihnen eine der wenigen Möglichkeiten, einer angesehenen Erwerbstätigkeit nachzugehen. Die Zahl der Ausbildungsstätten für Volksschullehrerinnen wuchs im 19. Jahrhundert stark, ein Teil der Einrichtungen war privat. Die Prüfungsordnungen wurden allmählich ausgebaut; das Bildungsniveau, das sie festlegten, war niedriger als das der Männer. Die Arbeit als Volksschullehrerin war wenig anziehend: Die Klassen waren

Lehrerinnen

groß, das Gehalt gering; attraktiv war die Pensionsberechtigung. Die Arbeit in der Volksschule galt, anders als der Unterricht im Privathaushalt, für Frauen aus dem höheren Bürgertum als nicht standesgemäß. Stellen mit Pensionsberechtigung an öffentlichen höheren Mädchenschulen waren selten. 1890 gab es rund 45000 Lehrerinnen und Erzieherinnen in Deutschland, davon etwa 10000 im öffentlichen Dienst [103: HARDACH-PINKE, Gouvernante, 175 f.].

Lehrberufe außerhalb des öffentlichen Dienstes waren die Hauslehrerin, die im Haushalt des Arbeitgebers lebte, und die Privatlehrerin, die stundenweise im eigenen Haushalt oder in dem des Arbeitgebers unterrichtete, ferner die Gouvernante. Diese mußte „mütterlich-erzieherische" Aufgaben mit „väterlichen" Eigenschaften wie Weltkenntnis, Eigenständigkeit und Durchsetzungsfähigkeit verbinden – ein Rollenkonflikt, der nicht selten im Klischee der prüden, bemitleidenswerten Frau verzeichnet wurde. Die Gouvernanten eigneten sich ihre Bildung bis zum 18. Jahrhundert meist selbständig an; seit Beginn des 19. Jahrhunderts begannen sie ihre Tätigkeit zu professionalisieren, es entstanden eigene Ausbildungsinstitute. Doch nach dem Ersten Weltkrieg verschwand die Nachfrage nach Hausunterricht fast ganz. Nun wurden auch die Töchter der Oberschicht auf öffentliche Schulen geschickt [103: HARDACH-PINKE, Gouvernante; 224: BUDDE, Nannies].

Dienstboten

Die Dienstboten fanden seit den 1980er Jahren verstärkt die Aufmerksamkeit der Forschung. 1980 gab WOLFGANG RUPPERT „Lebensgeschichten" heraus, in denen Sozialgeschichte mit biographischer Methode an typischen Einzelschicksalen veranschaulicht wurde – darunter das Leben des Dienstmädchens „Dora D." [276: Lebensgeschichten, 157–173]. Zum Standardwerk wurde DOROTHEE WIERLINGS Geschichte städtischer Dienstmädchen um die Jahrhundertwende. Sie verfolgt einen biographischen lebenszyklischen Ansatz und verbindet Elemente der Fallstudie mit einer Gesamtdarstellung der Dienstbotenfrage [134: WIERLING, Mädchen]. Andere Arbeiten ergänzten das Thema meist regional. Häufig wurden dabei Berliner Dienstmädchen um die Jahrhundertwende thematisiert [124: ORTH, Besuch; 133: WALSER, Dienstmädchen]. Die Dienstboten in Baden untersuchte HEINZ SPROLL vom späten 19. Jahrhundert bis 1925, teils bis etwa 1960: Anzahl, Rechtsstellung, Entlohnung und insbesondere die kirchliche Fürsorge [55: Struktur]. Eine literaturgeschichtliche Arbeit wertete autobiographische Zeugnisse aus und stellte das Bild der Dienstboten in der zeitgenössischen Wiener und Berliner Literatur dar [125: PAULEWEIT, Dienstmädchen].

E. Arbeitsmarkt, Arbeitsverhältnisse und soziale Sicherung. Angestellte als Vorreiter der Modernisierung?

1. Quellenprobleme: Verbandserhebungen und Unternehmensstudien

Lange waren Erhebungen der Verbände die wichtigste Quelle für historische Studien über die wirtschaftlich-soziale Lage, die Arbeitsmarkt- und Arbeitsverhältnisse der Angestellten. Meist wurden die Enquêten durchgeführt, um in Krisen Staat und Unternehmer mit empirischem Material zu bewegen, die Lage der Angestellten zu verbessern. Höhepunkte waren die 1880er Jahre (Überfüllungskrise), das frühe 20. Jahrhundert (Agitation für das AVG 1901/11), die Rationalisierungskrise nach 1924 und die Weltwirtschaftskrise (vgl. Kap. II.A). Zu den wichtigsten Enquêten gehören: Quellen

- Eine Erhebung des Verbandes Deutscher Handlungsgehilfen, die dessen Vorsitzender Georg Hiller 1890 auswertete (968 Fragebögen) [39: Lage].
- Die große Denkschrift des Reichsamts des Innern über die wirtschaftliche Lage der Privatangestellten zum Stichtag 15. Oktober 1903 auf der Grundlage einer Erhebung der Verbände mit 154 843 ausgewerteten Fragebögen (200 000 verschickt) [23].
- Die Erhebung des Statistischen Reichsamts im Jahr 1907 über die Budgets von 853 „minderbemittelten Familien", darunter 36 Angestelltenfamilien [20].
- Die Erhebung des Zeichner-Verbandes über die Lage seiner Mitglieder 1907 auf der Grundlage von 617 ausgewerteten Fragebögen (2 800 verschickt) [6].
- Die von Hermann Edwin Krueger ausgewertete Umfrage der Gesellschaft für Soziale Reform, vornehmlich bei den Verbänden, über die Lage der „Bureau-" und „Landwirtschaftlichen Beamten", kaufmännischen und technischen Angestellten 1907/08 [21: Lage].
- Die Erhebung des DHV über die wirtschaftliche Lage seiner Mitglieder zum Stichtag 22. März 1908 mit 33 611 ausgewerteten Fragebögen (115 000 verschickt) [7].
- Die Erhebung Reinhold Jaeckels im Auftrag des „Bureaus für Sozialpolitik", das dem Christlich-Sozialen Kongreß und der Zeitschrift „Soziale Praxis" nahestand, über die Lage der technischen Angestellten in der Berliner Maschinenbau- und Elektroindustrie zum Stichtag 5. Mai 1907 durch Auswertung von 3265 Fragebögen (10 000 verschickt) [19].

– Die Auswertung von 11 500 Fragebögen über Lebens-, Ausbildungs- und Arbeitsverhältnisse der Techniker zum 1.–15. Januar 1910 durch ADOLF GÜNTHER im Auftrag des Deutschen Techniker-Verbandes [17].
– Die von OTTO SUHR bearbeitete Erhebung des AfA-Bundes über die Lebenshaltung der Angestellten auf der Grundlage von 43 Wirtschaftsbüchern 1926 [25].
– Die Erhebung des DHV mit 300 Jahreshaushaltsrechungen von Kaufmannsgehilfen 1926/27 [8].
– Die Enquête des DHV zur Gehaltslage der Kaufmannsgehilfen 1928/29 (Stichtag 3. Februar 1929) auf der Grundlage von 166 356 (mit Hollerith-Lochkartenmaschinen ausgewerteten) Fragebögen [9].
– Die Erhebung des GDA mit 123 304 Fragebögen (ebenfalls auf Hollerith-Lochkarten) über die Lage der Angestellten Anfang 1929 [15].
– Die von SUSANNE SUHR bearbeitete Umfrage des Zentralverbandes der Angestellten über die Arbeits- und Lebensverhältnisse der weiblichen Angestellten (1930) [26].

Ferner führten sozialreformerische Organisationen und einzelne Wissenschaftler Erhebungen durch. 1897 nahm der Verein für Socialpolitik eine Enquête über die Angestellten und Arbeiter im Verkehrsgewerbe in Angriff. Daraus entstanden sozialstatistische Studien über das Münchener und Berliner Straßenverkehrsgewerbe [29: Untersuchungen]. Des weiteren sind die oben genannten Umfragen von KISKER über Leipziger Kontoristinnen um 1908 [110], von GLASS/KISCHE über großstädtische Büroangestellte 1928/29 [16] und von HILBERATH über Kölner Lebensmittelverkäuferinnen 1931 zu nennen [106]. Schließlich führten die Statistischen Ämter eine große Zahl von Erhebungen durch [Für etwa 1900 bis 1937 Zusammenstellung und Quellenkritik bei 241: TRIEBEL, Klassen, Band 2].

Quellenkritik

Die Erhebungen der Verbände bei ihren Mitgliedern sind außerordentlich wichtig. Sie haben unser Wissen nachhaltig geprägt, bergen jedoch die Gefahr systematischer Fehler. Organisierte, großstädtische und schlecht gestellte bzw. unzufriedene Angestellte sind in ihnen strukturell überrepräsentiert, Einkünfte notorisch unterbewertet [54: SCHULZ, Die industriellen Angestellten, 252 ff.; 129: DERS., Die weiblichen Angestellten, 181 f.]. Die Erhellung der Realität hinter den Enquêten ist eine dauerhafte Aufgabe der Angestelltenforschung. Eine Möglichkeit, die Aussagekraft und Reichweite der hochaggregierten Daten zu prüfen, bieten betriebliche Studien. Die neueren historischen Fallstudien, die Unternehmensarchivalien auch für die Angestelltengeschichte auswerteten, setzten mit den Arbeiten von KOCKA über Siemens 1969 [175], SCHOMERUS über die Maschinenfabrik Esslingen

1977 [186], SCHULZ über F & G 1979 [188], SIEGRIST über die Georg Fischer AG 1981 [263] und RUPIEPER über MAN ein 1982 [184]. Wenn es die Quellenlage zuließ, versuchten sie, Aussagen über die betriebliche Lage der Angestellten mit solchen über das gewerkschaftliche und politische Organisationsverhalten zu verknüpfen.

Übergewicht der Großunternehmen

Die Erforschung der betrieblichen Verhältnisse hat sich bislang überwiegend auf die Großunternehmen konzentriert. Die Ursachen scheinen vornehmlich die hier vergleichsweise günstige Quellenlage und die beträchtliche Bedeutung dieser Unternehmen zu sein. Das führt allerdings zu systematischen Verzerrungen, denn die Arbeitsverhältnisse in den großen Unternehmen waren im allgemeinen besser als in den kleineren [90: SPEIER, Die Angestellten, 24 f.]. Die Ursache bestand wahrscheinlich darin, daß die Arbeitsbeziehungen wegen der hohen Beschäftigungszahlen stärker transparent und versachlicht waren. Häufig orientierten sich mittlere und kleine Unternehmen an der Praxis der großen [188: SCHULZ, Arbeiter und Angestellte, 364]. Die bislang noch nicht beantwortete Frage, in welchem Umfang „die großen Geschäfte die Pioniere der ganzen Entwicklung" waren [166: EHRENBERG, Arbeitszeit, 483], bietet einen interessanten Ansatz zur Untersuchung von Diffusions- und Modernisierungsprozessen.

2. *Qualifikation und Arbeitsmarkt*

Verbesserung der Ausbildung war ein wichtiger Strang der Modernisierung in der Geschichte der Angestellten. Sie erfolgte teils durch verbandliche Selbstorganisation, teils durch staatliche Eingriffe und Institutionen. Die Verbände verstanden die Hebung der Qualifikation stets als wichtiges Mittel zur „Hebung des Berufsstandes". Je stärker dieser gefährdet war bzw. Not litt, desto nachhaltiger setzten sie auf bessere Ausbildung. Dies zeigen die frühen Enquêten [39: HILLER, Lage; 176: LANGE, Ausbildung; 17: GÜNTHER, Techniker] ebenso wie eine Erhebung des GDA über die Lage der – überwiegend kaufmännischen – Lehrlinge 1929/31 [13: GDA, Angestelltengeneration]. Die berufliche und fachliche, die mittlere bzw. höhere, die kaufmännische und technische Ausbildung wurden unterschiedlich ausgebaut. Die technische Fachbildung war früher und besser organisiert als die kaufmännische. Dies und die in der Industrialisierung stark wachsende Nachfrage machten die Techniker zu begehrteren und besser bezahlten Arbeitskräften als die Kaufleute. Die Berufszählung von 1895 wies für das Deutsche Reich 25650 Ingenieure und Techniker aus: 3,1% der Angestellten und Beamten (ohne Verkaufspersonal). 1925 waren es 141605 und 1950, im Bundesgebiet, 218900 Ingenieure und Techniker: 6,6% aller Angestellten und Beamten [37: HARTFIEL, Angestellte, 51]. Mit der Qualifikationserweiterung und Verwissenschaftlichung stand der technische Bereich früh an der Spitze der beruflichen Modernisierung.

Hingegen verschlechterte sich die Stellung der Handlungsgehilfen bzw. Commis, die lange von ihrer Schriftgewandtheit profitiert hatten, in dem Maße, in dem sich Schreibkenntnisse verbreiteten und in dem die sich rasch ausbreitenden kaufmännischen Schulen Kenntnisse der Korrespondenz und Buchhaltung vermittelten. Die betriebliche Lehre war anfangs die Regel. Sie wurde seit den 1890er Jahren nach und nach, beginnend in den größeren Städten, durch berufsbegleitende öffentliche kaufmännische (Teilzeit-)Fortbildungsschulen ergänzt. In der Regel lernte man drei Jahre lang Rechnen, Buchhaltung, Korrespondenz, Handelslehre und eine Fremdsprache. Nach 1900 differenzierte sich der Unterricht nach Laden- und Kontorberufen aus und entstanden mehr und mehr Vollzeitschulen. Ferner boten die kaufmännischen Berufsverbände Fortbildungskurse an. Viele Berufsanfänger besuchten Kurse privater, von den Verbänden heftig bekämpfter Handelsschulen („Pressen"); viele Absolventen waren Frauen („Schmutzkonkurrenz"). Dies vertiefte die Segmentierung der Tätigkeiten nach Geschlecht. Am Ende des 19. Jahrhunderts war der „Handlungsgehilfenstand" überfüllt, die Position der kaufmännischen Angestellten auf dem Arbeitsmarkt und in den Betrieben schlecht [65: BÜCHER, Arbeiterfrage; 179: OLDENBERG, Lage; 42: KOCKA, Die Angestellten, 90–115.]. Seit 1898 enstanden Handelshochschulen zur Ausbildung von Führungskräften auf wissenschaftlicher Grundlage (Leipzig, Aachen). Nach dem Ersten Weltkrieg wurden die beruflichen Schulen allmählich verstaatlicht und „verstadtlicht". Die kaufmännischen Schulen, teils privat, teils staatlich, waren überfüllt. Immer mehr Frauen strömten in die kaufmännischen Berufe; um 1930 war der Anteil der Mädchen in den kaufmännischen Berufsschulen höher als derjenige der Jungen.

Die Forschung hat der Ausbildung stets große Aufmerksamkeit geschenkt. Überblicke bietet das Handbuch der Bildungsgeschichte [269: BERG U.A., Handbuch]. Näher hat bereits KOCKA den Zusammenhang von Schulwesen und sozialer Anerkennung untersucht [175: Unternehmensverwaltung, 166–171; 42: DERS., Die Angestellten 94–109]. Besonders große Aufmerksamkeit fanden stets die technischen Berufe. Schon 1975 veröffentlichte PETER LUNDGREEN eine Studie über die Ausbildung und beruflich-gesellschaftliche Wirksamkeit von Technikern in Preußen von etwa 1820 bis 1870 [48: Techniker]. 1994 gab er zusammen mit ANDRE GRELON einen Band mit Beiträgen über die Qualifizierung, Tätigkeit und Verbände der Ingenieure seit 1770 heraus [49: Ingenieure; für die NS-Zeit siehe 47: LUDWIG, Technik]. LARS ULRICH SCHOLL erforschte in einer umfangreichen Studie (1978) mit empirischem Material Ingenieure in staatlichen und privaten Stellungen zwischen 1815 und 1873 [53: Ingenieure]. Beide Autoren haben Beiträge über die Ausbildung von Ingenieuren zu einer Geschichte des VDI beigesteuert [211: LUDWIG, VDI 1856–1981]. Die Ausbildung des mittleren technischen Personals der Gutehoffnungshütte in der Hochindustrialisierung untersuchte WOLFRAM BONGARTZ 1979 mit Quellen aus dem Unternehmen [161: Großindustrie]. Ebenfalls auf breiter Quellengrundlage untersuchte HELMUTH TRISCHLER die Arbeitsverhältnisse, Lage und Ausbildung, politische Einstellung und das Organisationsverhalten der Steiger im deutschen Bergbau 1815 bis 1945 [57].

Seit den 1980er Jahren diskutiert die historische Forschung dieses Thema zunehmend unter dem Begriff „Professionalisierung“. Sie untersucht, anknüpfend an den anglo-amerikanischen Sprachgebrauch, in Deutschland mit dem Begriff „Profession“ denjenigen Typus von Berufen, der spezialisierte, theoriehaltige, tendenziell wissenschaftliche und durch Examen nachgewiesene Ausbildung voraussetzt und seinen Inhabern so besondere gesellschaftliche Achtung verschafft. Zu den „klassischen“ Expertenberufen, die sich zu Professionen entwickelten, zählen die Ärzte, Rechtsanwälte und Pfarrer. Inzwischen hat sich die Professionalisierungsforschung ausdifferenziert. Neben soziologisch orientierten Attributkonzepten (Merkmalsanalysen der Professionen), Phasenmodellen (die eine typische Abfolge von Entwicklungsmustern herausarbeiten) sowie dem funktionalistischen Konzept (Professionen im Rahmen einer Gesellschaftsanalyse bzw. Handlungstheorie) haben sich historisch-kritische Professionalisierungsansätze entwickelt. Bereits 1980 kategorisierte DIETRICH RÜSCHEMEYER diese Ansätze und erörterte er Probleme der vergleichenden Geschichtsforschung [275: Professionalisierung]. Das Konzept wurde immer stärker auch auf neuere Professionen wie Ingenieure, Baubeamte (einschließlich der freiberuflichen Architekten) und Gruppen des Bildungsbürgertums angewandt: auf Angestellte und Beamte ebenso wie auf Selbständige [267: SPÄTH, Professionalisierung; 30: BOLENZ, Vom Baubeamten; 248: CONZE/KOCKA, Bildungsbürgertum]. Die Angestelltenforschung kann es auf vielen weiteren Gebieten nutzen.

Professionalisierung

Fragen des Arbeitsmarktes werden in den meisten Überblicksdarstellungen zur Angestelltengeschichte thematisiert. Viele speziellere Untersuchungen setzten bei der Qualifikation und der Arbeitsmarkt-

Arbeitsmarkt

politik an. Schon 1929 behandelte eine Dissertation das Verhältnis des (dominierenden) öffentlichen Arbeitsnachweiswesens zum privaten sowie den Arbeitsmarkt und die Arbeitsmarktpolitik der Angestelltenverbände 1919 bis 1926, im Umfeld der Neuregelungen der Arbeitsvermittlung 1922 [185: SCHNAAS, Arbeitsmarkt]. Andere Autoren untersuchten vornehmlich die geschlechtsspezifische Segmentierung des Arbeitsmarktes. Die sozialwissenschaftlichen Arbeiten von ANGELIKA WILLMS-HERGET zeigen, daß die Frauen Nachzügler auf schon früh von Männern besetzten Tätigkeitsfeldern waren. Schon früh auch bildeten sich bei den Angestellten typisch abgegrenzte Männer- und Frauenberufe aus [120: MÜLLER/WILLMS/HANDL, Strukturwandel; 136: WILLMS, Entwicklung; 137: WILLMS-HERGET, Frauenarbeit; 260: NIENHAUS, Angestellte; für die Büroberufe 117: LÜSEBRINK, Büro].

In einer historisch-empirischen Untersuchung wandte TONI PIERENKEMPER das Marktmodell auf die Angestellten 1880 bis 1913 an. Er bezog neben Angebot und Nachfrage die Eingriffe der Interessenverbände und des Staates ein und unterschied für kaufmännische Angestellte, Techniker und weibliche Angestellte Teilarbeitsmärkte; diese glichen sich, so urteilte er, bis 1913 aneinander an; die Strategien der Verbände und des Staates im Arbeitsnachweis-, Ausbildungswesen und in der Sozialversicherung wirkten vereinheitlichend [181: Arbeitsmarkt]. Dabei nahm er Ergebnisse einer eigenen Vorstudie über die Allokationsstruktur auf dem Arbeitsmarkt für Angestellte auf und wandte das Konzept der Segmentation des Arbeitsmarktes in einen internen und einen externen Bereich auf die Unternehmensgeschichte an [180: Allokationsbedingungen, 40–56, 185–209]. Die Untersuchung fand konzeptionell-methodische und sachlich-handwerkliche Kritik [VSWG 75, 1988, 137 ff.]. Sind die Schwächen allerdings überwunden, verspricht eine Analyse der Angestelltenverhältnisse vom Arbeitsmarkt her interessante Ergebnisse zu erbringen. Die Personal- und Sozialpolitik bei Siemens, Krupp, F & G und anderen Unternehmen war mit Hilfe von Senioritätsregeln, betrieblicher Altersversorgung und anderen Faktoren darauf angelegt, firmeninterne Berufskarrieren zu fördern. Deren Analyse erscheint mit Hilfe eines kollektivbiographischen Zugriffs möglich. Doch dafür reichen die für Siemens verfügbaren Quellen offenbar nicht aus, anders als für F & G. In den Unternehmen bestand jeweils nicht nur ein einziger interner Arbeitsmarkt, sondern es waren mehrere, je nach Belegschaftsgruppe bzw. -kategorie. Die betrieblichen sozialen Leistungen, Anreize etc., die die internen Arbeitsmärkte stützten, wirkten freilich auch als Signale auf den externen Märkten. „Die Scheidung von ‚intern‘ und ‚extern‘ erscheint deshalb nicht unproblematisch", urteilt CHRISTOPH CONRAD [162: Erfolgsbeteiligung, 136]. Doch dürfte der Ansatz Gewinn an analytischer Distinktion und an Erklärungskraft bringen. – Typische Berufsverläufe von Angestellten in verschiedenen Einsatzbereichen arbeiteten Anfang der siebziger Jahre REGINA und DIETER DRÖLL auf der Grundlage von 10264 Lebensläufen heraus. Die Darstellung informiert in beratungspraktischer Absicht über typische Ausbildungvoraussetzungen, Wechselverhalten und Einsatzgebiete [165: Karrieren].

3. Arbeitsrecht und Arbeitsverhältnisse

Arbeitsverträge, die die Pflichten und Rechte eines Handelsdieners regelten, sind schon aus dem frühen 15. Jahrhundert überliefert. Sie regelten u. a. den Aufgabenkreis, die – häufig mit einer Gewinnbeteiligung verbundene – Entlohnung und verlängerten sich im allgemeinen stillschweigend im jährlichen Rhythmus. Sie erlegten dem Handelsdiener Vertraulichkeit auf und verboten ihm, dem Handelsherrn Konkurrenz zu machen. Die frühen „Verschreibungen" wurden bislang noch kaum ausgewertet, anders als die Verträge der Teilhaber von Handelsgesellschaften [172: HILDEBRANDT, Diener 26 f., 92 ff.].

Arbeitsverträge

Schriften über die Arbeitsverträge gehören zu den frühen Publikationen über die Angestellten: 1908 bis 1912 veröffentlichte die Gesellschaft für Soziale Reform sieben Schriften über Dienstverträge, Versicherungsfragen [144–146] sowie über die wirtschaftliche und soziale Lage der Angestellten [21: KRUEGER, Lage]. Es handelte sich um Bestandsaufnahmen und Reformvorschläge, insbesondere hinsichtlich einer Pensionsversicherung, der Verbesserung des Erfinderschutzes und der Abschaffung der „Konkurrenzklausel" in den Arbeitsverträgen: Darin verpflichteten Unternehmen ausscheidende Angestellte mit dem Argument, die Weitergabe von Interna zu verhindern, in der Regel, drei oder fünf Jahre lang nach dem Ausscheiden bei einer Konventionalstrafe von meist mehreren Jahresgehältern in kein Konkurrenzunternehmen im In- oder Ausland einzutreten. Das Unternehmen hingegen zahlte für die Zeit der Konkurrenzenthaltung nichts. Dies war die Kehrseite der Vorstellung von „Lebensstellung" und hoher Arbeitsplatzsicherheit. Im Konfliktfall war es eine wirksame Mobilitätsbarriere [156: ADLER, Lage, 117–131; 153: REIF, Konkurrenzklausel; 17: GÜNTHER, Techniker I, 184–194; 51: RASSBACH, Betrachtungen, 89–109]. Die Angestelltenbewegung bekämpfte die Klausel heftig. 1897 begrenzte das Handelsgesetzbuch die Dauer des Konkurrenzverbots bei kaufmännischen Angestellten auf drei Jahre (§ 74 HGB). Um 1910

„Konkurrenzklausel"

nahm die höchstrichterliche Rechtsprechung der Konkurrenzklausel den Stachel. Seither mußten die Unternehmen eine Entschädigung zahlen, solange sie auf dem Wettbewerbsverbot bestanden. Eine Novelle zum Handelsgesetzbuch beseitigte 1914 die noch bestehenden unbilligen Härten. Die Klausel gab es z. B. bei F & G und Mannesmann, nicht hingegen bei Siemens [188: SCHULZ, Die Arbeiter und Angestellten, 137 f., 279–289; 164: DIETRICH, Mannesmannröhren-Werke, 135 ff.; 175: KOCKA, Unternehmensverwaltung]. Ihre Verbreitung und ihre Wirkung auf die Mobilität sind noch nicht hinreichend untersucht.

Arbeitszeit

Die Arbeitszeit der Büroangestellten in Handel und Industrie richtete sich ursprünglich nach dem Arbeitsanfall, der Zustellung und dem Einlieferungsschluß der Post. Sie wurde in der Hochindustrialisierung allmählich reduziert und formalisiert. Am Beginn des 20. Jahrhunderts lag sie meist bei acht bis neun Stunden, zuzüglich ein- bis anderthalbstündiger „Tischzeit". Allmählich setzte sich die „englische" Arbeitszeit durch (verkürzter Arbeitstag ohne Mittagspause). Sonntagsarbeit war üblich, sie wurde 1891 durch eine Gewerbegesetznovelle eingeschränkt. Im Einzelhandel wurde die Arbeitszeit im Gefolge des Ladenschlußgesetzes (in Kraft seit 1. Oktober 1900) reduziert. Eine zusammenfassende Übersicht über die Arbeitszeiten in den Büros von Industrie und Handel, über die allmähliche Verkürzung der Arbeitszeit, die darauf gerichtete Agitation der Verbände um die Jahrhundertwende und die gesetzlichen Regelungen legte RICHARD EHRENBERG 1906 vor. Er wertete dazu reichhaltige Literatur seit etwa 1700 und die Reichsstatistik aus [166: Arbeitszeit; für den Einzelhandel siehe 156: ADLER, Lage, 57–116].

Urlaub

Bei der Gewährung von Urlaub erreichten die Angestellten schon früh Positionen, die den Arbeitern erst weit später konzediert wurden. Sie hatten insofern eine Vorreiterrolle. Im Staatsdienst wurde die Gewährung von acht bis zehn Tagen Erholungsurlaub jährlich Ende des 19. Jahrhunderts allgemeine Praxis; zuvor war dies eine ärztlich begründete Ausnahme. Auch einzelne Privatunternehmen gaben schon früh von Fall zu Fall Urlaub, wenn ein Angestellter wegen Krankheit, Erholung oder mit anderen guten Gründen darum bat. Im Lauf der Zeit verbreitete sich diese Praxis, die großen Firmen gewährten mit steigendem Dienstalter längeren Urlaub. Vor dem Ersten Weltkrieg, als es noch keine gesetzliche Urlaubsregelung gab, räumten viele Unternehmen den Angestellten zwar kein vertragliches, aber ein faktisches Recht auf Urlaub von meist ein bis zwei Wochen ein. Die vergleichsweise günstigsten Regelungen gab es im Bankgewerbe, wie LUDWIG HEYDE an Hand von Erhebungen am Beginn des 20. Jahrhunderts herausfand [171: Urlaub, 15–31]. Siemens billigte ab 1874 den „Beamten" 14 Tage bezahlten Urlaub im Jahr zu, den Arbeitern hingegen erst ab 1909 einen einwöchigen, teilweise bezahlten Jahresurlaub [175: KOCKA, Unternehmensverwaltung, 290; 42: DERS., Die Angestellten, 40; 51: RASSBACH, Betrachtungen, 67, 70; 163: CZWALINA, Lage, 55 ff.].

Gehälter

Aussagen über die Gehaltsstrukturen und -entwicklungen sind angesichts der großen Heterogenität der Entlohnung außerordentlich schwierig. Auf die Gehaltshöhe wirkten u. a. Qualifikation und Position, Beruf bzw. Tätigkeitsart, Geschlecht, Lebens- und Dienstalter, Branche, Betriebsgröße und Region. Die Durchschnittsgehälter nach Branchen scheinen um so höher gewesen zu sein, je weiter das Gewerbe vom Konsum entfernt und je kapitalintensiver es war: am niedrigsten im Einzelhandel und jeweils höher im Großhandel, Verkehr, Bankgewerbe und in der Industrie. Dieser für die Zeit bis etwa 1930 ermittelte Befund [73: HAMM, Berufsmerkmale, 29; 26: SUHR, Die weiblichen Angestellten, 36 f.; 106: HILBERATH, Lebensschicksal, 86] wird durch eine umfangreiche Untersuchung der Gehaltsstruktur in der Bundesrepublik 1951 bis 1966 bestätigt [192: STEINEBACH, Gehaltsstruktur, 209]. Auch regionale Unterschiede wirkten sich aus. Im Westen des Deutschen Reiches war das Gehaltsniveau höher (und die Lebenshaltung teurer) als im Osten [110: KISKER, Frauenarbeit, 51, 92; 119: MLEINEK, Handelsgewerbe, 56].

Gruppenfehlschluß

Individualfehlschluß

Bei Vergleichen gibt es deshalb viele methodische Fallstricke: Beim Gruppenfehlschluß werden Merkmale von Gruppen sowie Aggregatveränderungen fälschlich als Merkmale einzelner Personen und individueller Verläufe angesehen. Zum Beispiel wird das Absinken von Gehaltsdurchschnitten im Zeitverlauf als Abnahme individueller Gehälter gedeutet. Tatsächlich aber kann Zustrom junger bzw. weiblicher Angestellter – wie es Ende des 19. Jahrhunderts der Fall war – die Durchschnittswerte senken, ohne daß die Gehälter der langjährig Beschäftigten tangiert worden sein müßten. Ein Sonderfall des Gruppenfehlschlusses ist der ökologische Fehlschluß: der fälschliche Schluß von Eigenschaften, die bei Gebietseinheiten beobachtet wurden, auf Individuen in diesen Gebieten. Beim Individualfehlschluß schließlich werden aggregierte Merkmale von Individuen mit strukturellen Eigenschaften von Gruppen gleichgesetzt. Solche Fehlschlüsse wurden insbesondere bei der Interpretation der Verbandserhebungen gezogen – mit weitreichenden Auswirkungen auf die Interpretation der Befunde [dazu näher 54: SCHULZ, Die industriellen Angestellten, 251 ff.]. Die Fälle, in denen Angestelltenforscher dem Gruppen-, insbesondere dem ökologischen Fehlschluß erlagen, sind Legion [als Beispiele: 106: Hilberath, Lebensschicksal, 84; 73: Hamm, Berufsmerkmale, 10f.; 215: Priamus, Angestellte, 48].

Gehälter von Männern und Frauen

Auch zwischen strukturell unterschiedlichen Gruppen finden sich gelegentlich Vergleiche mit unzulässigen Folgerungen. Männliche und weibliche Angestellte unterschieden sich hinsichtlich der Qualifikations-, Tätigkeits-, Positions-, Lebens- und Dienstaltersstruktur und der Anteile Lediger und Verheirateter (viele männliche Angestellte erhielten, anders als Arbeiter, bei der Heirat eine Gehaltserhöhung). Zweifellos wurden weibliche Angestellte schlechter bezahlt als männliche. Doch es ist, um es zuzuspitzen, wenig aussagekräftig, das Gehalt des jungen ledigen angelernten Ladenmädchens dem Gehalt des älteren verheirateten ausgebildeten Buchhalters gegenüberzustellen [Kritik bei 129: Schulz, Die weiblichen Angestellten, 188f.]. Das Durchschnittsgehalt weiblicher Angestellter betrug 1931 nur 59% der männlichen (157 von 267 RM) [93: Sträter, Stellung, 54]. Bei gleicher Qualifikation, gleichem Alter und gleich langer Berufstätigkeit hingegen dürfte das Gehalt weiblicher Angestellter im Kaiserreich bei 75 bis 80 und in der Weimarer Republik und im Nationalsozialismus bei 90 Prozent der entsprechenden Männergehälter gelegen haben. Die Tarifverträge des Zentralverbandes der Angestellten 1928 sahen bei 65% der Tarife für Frauen einen zehnprozentigen Abschlag gegenüber den Männertarifen vor, bei 16% einen höheren Abzug, bei 9% einen niedrigeren und bei 10% Gleichstellung. Die etwa zehnprozentige Minderbezahlung der weiblichen Angestellten war ein weit geringerer Abschlag gegenüber der Entlohnung der Männer als es in der Arbeiterschaft der Fall war [dazu ausführlich 129: Schulz, Die weiblichen Angestellten, 189ff.; 127: Salomon, Ursachen, 74, 78, 80–84.].

Die Forschung ging lange davon aus, daß der Einkommensvorsprung vor den Arbeitern und andere „Privilegien" tendenziell abgebaut wurden und Furcht vor Proletarisierung die politische Orientierung der Angestellten bestimmt habe. Das ist heute umstritten (siehe Kap. II.F.2.).

Arbeitsverhältnisse

Auf die Arbeitsverhältnisse gehen die meisten Studien über Unternehmen, Berufsgruppen und Branchen und über die weiblichen Angestellten detailliert ein. Beispiele sind die Arbeiten von Erich Carl Rassbach und Richard Czwalina über Techniker und Elektrotechniker im Kaiserreich [51: Betrachtungen; 163: Lage] sowie von Franz Gerhard Rudl und Eduard Gartmayr über die Angestellten im Bankgewerbe und in der Chemie [183; 168]. Um den langfristigen

Differenzierung – Nivellierung – Versachlichung

Wandel zu systematisieren, schlug Günther Schulz die Begriffe Differenzierung und Nivellierung (der Tätigkeitsbereiche, Positionen und Gehälter, die sich vertikal ausdehnten und horizontal verdichteten) sowie Versachlichung (der betrieblichen Sozialbeziehungen) vor [54: Die industriellen Angestellten, 238–266]. Dies machte MARCUS LUDESCHER für seine Untersuchung von Industrieangestellten und Büroalltag in Österreich vom ausgehenden 19. Jahrhundert bis zum Ende der 1930er Jahre fruchtbar [258: Büromenschen, 33 ff., 39 f.].

Werkmeister

Die Werkmeister waren, nachdem in der frühen Industrialisierung die Rekrutierung aus dem Handwerk noch sehr wichtig gewesen war, in der Hochindustrialisierung soziale Aufsteiger aus der Arbeiterbelegschaft. Sie erlangten ihre Position zum Teil auf Grund ihrer (meist im Unternehmen erworbenen, nicht formalisierten) Qualifikation als „technische Spezialisten", zum Teil auf Grund langer Werkszugehörigkeit und Loyalität. Dieses Aufstiegsmuster blieb vom 19. Jahrhundert bis nach dem Zweiten Weltkrieg im wesentlichen erhalten, wie u. a. eine betriebssoziologische Untersuchung unter Werkmeistern im Raum München und Augsburg 1953 zeigte [177: LEPSIUS, Stellung, 166 f.] Die Meister hatten eine relativ eigenständige Position. Sie identifizierten sich in der Regel stark mit ihrem Unternehmen bzw. Arbeitgeber und waren dessen Stütze auch bei ihrer Aufgabe in einer „sozialen Grenzsituation" zwischen Arbeitern und Betriebsleitung [157: VON AUFSCHNAITER, Wandlungen, 107–126, 165–170]. Mit der Bürokratisierung der Unternehmen und dem Bedeutungsgewinn der Betriebsabteilungen nach dem Zweiten Weltkrieg verloren die Werkmeister ihre Eigenständigkeit und wurden auf ausführende, nur noch gelegentlich auch beratende Aufgaben beschränkt [160: BENDIX, Herrschaft, 285 ff.].

Arbeitsbedingungen in den Büros

Der Wandel der Büroarbeit – der Techniken und Gerätschaften, Räumlichkeiten, Arbeitsprozesse etc. – wurde von den Sozial- und Technikwissenschaften wiederholt thematisiert. THEO PIRKERS älterer, klassischer Studie über die Geschichte und Soziologie der Büromechanisierung und -automation [182] folgten Arbeiten über die Arbeitsbedingungen und Berufsfelder vornehmlich weiblicher Büroarbeit [131: SEGELKEN, Stenographie; 117: LÜSEBRINK, Büro]. HANS-JOACHIM FRITZ skizzierte die Arbeitsbedingungen vom mittelalterlichen Kontor bis zum Großraumbüro [167: Menschen]. SCHREYÖGG/STEINMANN/ZAUNER informierten über Modelle der Arbeitsanreicherung („job enrichment"), die dazu dienen, negative Folgen tayloristischer Modernisierung zu vermeiden [187: Arbeitshumanisierung]. Den Umfang und die Auswirkungen der Büroautomatisierung um 1960 sowie die Anpassungsschwierigkeiten der Angestellten erforschte die Dortmunder

Sozialforschungsstelle an der Universität Münster mit empirischem Material [173: JAEGGI/WIEDEMANN, Büro]. Die jüngsten Rationalisierungen der Büros sowie die Auswirkungen auf die beruflichen Strukturen und Perspektiven der Angestellten untersuchten MARTIN BAETHGE und HERBERT OBERBECK [158: Zukunft]. Gegenwärtig gilt die Arbeit bei Banken und Versicherungen als der Prototyp der Angestelltentätigkeit. Sie ist gekennzeichnet durch die neuen Datenverarbeitungs- und Bürotechnologien. Diese führen zu weiterer Bürorationalisierung, bieten Chancen und Gefahren: Sie können dazu führen, Arbeitsabläufe, -zeiten und -plätze flexibler zu gestalten, zugleich aber bewirken, daß die Gräben zwischen Angestellten mit geringer Qualifikation und solchen mit sehr hoher tiefer werden, daß das Personal reduziert und elektronisch stärker kontrolliert wird. Die Berufssoziologie hat hier ein weites Feld für Untersuchungen. Sie thematisiert die „objektiven" technischen und arbeitsorganisatorischen Differenzierungen sowie die damit verbundenen subjektiv-sozialen Voraussetzungen und Folgen [193: TATSCHMURAT, Gegenwart].

Betriebliche Sozialpolitik: Konzepte und Phasen

Konzepte zur Systematisierung und Interpretation der betrieblichen Sozialpolitik entwickelte bereits in den dreißiger Jahren LUDWIG H.A. GECK. Er unterschied drei Haupttypen: die patriarchalische Sozialverfassung mit den Unterformen Paternalismus und Protektoralismus; die liberal-ökonomisch geprägte mit einer liberalistisch-rechtlichen, liberal-humanitären und ökonomisch-rechtlichen Unterform; schließlich die kooperative Personalverfassung [169: GECK, Arbeitsverhältnisse, 59f., 71–82]. GÜNTHER SCHULZ beschrieb den Wandel der betrieblichen Sozialpolitik als Abfolge von Konstitutions-, Konkurrenz- und Erosionsphase, an deren Ende die Niederlage der Unternehmer in einem Systemwettbewerb mit den Kirchen, der Sozialdemokratie und den Freien Gewerkschaften sowie dem Wohlfahrtsstaat stand; der letztere setzte sich im 20. Jahrhundert durch [189: Betriebliche Sozialpolitik].

Funktionen der Sozialleistungen

Studien zur unternehmerischen Sozialpolitik zeigen, daß die betrieblichen Sozialleistungen vier Hauptfunktionen hatten: Unterstützung in Notlagen, Bindung ans Unternehmen, Anreize zur Leistungssteigerung und zur Erhaltung des betrieblichen Friedens, schließlich soziale Kontrolle und politische Kanalisierung. Stärker noch als gegenüber den Angestellten wurde sie gegenüber den Arbeitern zur betrieblichen Integration benutzt. Sie war insofern erfolgreich, als es gelang, mit Hilfe von Dienstaltersprämien, der betrieblichen Altersversorgung und des Werkswohnungsbaus etc. große Gruppen an das Unternehmen zu binden [162: CONRAD: Erfolgsbeteiligung; 57: TRISCHLER, Steiger].

Die Rahmenbedingungen wurden allerdings seit dem AVG und mit dem Ausbau staatlicher Sozialleistungen seit 1914/18 immer stärker verändert.

Statusdifferenzierung

Die betriebliche Sozialpolitik war stets auch ein Mittel der internen Statusdifferenzierung nach dem Kreis der Empfänger, der Leistungsart und Leistungshöhe. CONRAD fand in einer Fallstudie über Gewinnbeteiligung, Sparförderung, Altersversorgung und das Angebot an Wohneigentum bei Siemens heraus, daß dort bis etwa 1890 nur die Spitzenmanager direkt am Unternehmensgewinn beteiligt waren, ferner Projekt- und Filialleiter an Teilergebnissen. Die übrigen Prämien variierten lediglich im Gesamtvolumen mit dem Unternehmensergebnis. Um 1890 entwickelten sie sich zu standardisierten Gehaltszusätzen, die zu einer Gratifikation oder dem 13. Monatsgehalt erstarrten. In den 1920er Jahren führte Siemens ein Dividendenbeteiligungssystem ein, das mit einem grundsätzlich gleichen Verfahren von den Vorständen auf die übrigen Beschäftigten ausgedehnt wurde und auf Grund von Dienstaltersgrenzen wie Treueprämien wirkte [162: Erfolgsbeteiligung, 133 f.].

4. Sozialversicherung

Die Stellung der Angestellten in der Renten- und Krankenversicherung fand vornehmlich unter den Gesichtspunkten ihrer Abgrenzung von und Besserstellung gegenüber den Arbeitern Interesse (siehe Kapitel I.C.6. und II.B.3.) und damit in Hinblick auf die gesellschaftspolitische Diskussion und auf die Formierung und Tätigkeit der Verbände. Den Schwerpunkt der wissenschaftlichen Forschung bildete naturgemäß die Entstehung des AVG. Sie ist in der „Quellensammlung zur Geschichte der deutschen Sozialpolitik 1867 bis 1914" dokumentiert [18: HENNING, Das Jahr 1910]. Während der Agitation für das Gesetz entstand umfangreiches Schrifttum, darunter die große Erhebung über die Lage der Privatangestellten von 1903 [23: REICHSAMT DES INNERN, Lage] sowie Einzeluntersuchungen, z. B. von HEINZ POTTHOFF, Syndikus des Werkmeisterverbandes [151: Pensionsversicherung], sowie von PAUL ZEINE, der die wirtschaftlichen Folgerungen untersuchte, die der Ausbau der vorhandenen Invalidenversicherung bzw. die Errichtung einer separaten „Standesversicherung" der Angestellten nach sich zögen [155: Pensions- und Hinterbliebenen-Versicherung].

Entstehung des AVG

Die erste, bis heute grundlegende Untersuchung über die soziale Lage der Angestellten und den Einfluß ihrer Interessenorganisationen auf die Entstehung des Gesetzes war die Dissertation EMIL LEDERERS.

Sie wurde bereits 1911 publiziert, als das AVG verabschiedet wurde, und thematisiert die Vorgeschichte bis zur Behandlung des ersten, später überarbeiteten Entwurfs 1911 [149: Pensionsversicherung]. Ebenfalls 1911 publizierte HERBERT STIER seine Dissertation über versicherungstechnische Fragen der geplanten Versicherung [154: STIER, Privatbeamtenbewegung]. Die nach 1911 weiterbestehenden privaten Pensions- und Hinterbliebenenversicherungen hingegen wurden bislang noch kaum thematisiert [für das Bankwesen siehe 143: FUCHSBAUER, Angestelltenversicherung].

AVG als Privilegierung

KOCKA sah in der Agitation für eine separate Versicherung den Protest der Angestellten gegen die Gefährdung ihrer herausgehobenen Stellung, gegen gesellschaftliche Deklassierung, die durch betriebliche Rationalisierung und andere Faktoren gedroht habe. Die Angestellten hätten sich gegen die wirtschaftlich-gesellschaftliche Entwicklung gestemmt, antimodernistische Forderungen nach Anerkennung als Mittelstand vorgetragen und schließlich Staat und Parteien gezwungen, ihren „Sonderstatus“ durch das AVG als „Sonderversicherung“ abzusichern [42: KOCKA, Die Angestellten, 86ff., 134ff.]

Kockas Einschätzung fand nach und nach immer stärkeren Widerspruch. Bereits 1976 kritisierte KARL H. HÖRNING vornehmlich den Anspruch der These vom Sonderbewußtsein der Angestellten („Verbeamtungsthese“) auf allgemeine Geltung [74: Mittelschichten, 152ff.].

AVG als Schrittmacher

1987 betonte GERHARD A. RITTER, die arbeits- und sozialversicherungsrechtliche Besserstellung der Angestellten habe Modell- und Schrittmacherfunktion für die Verbesserung der Stellung der Arbeiter gewonnen; deshalb sei es einseitig, die vorindustriell-ständischen Komponenten in der Ideologie und den Forderungen der Angestelltenbewegung zu betonen [273: Sicherheit, 146]. Bereits 1978 hatte WOLFGANG DREHER in seiner juristischen Dissertation über die Entstehung der Witwenversicherung auf die Vorbildwirkung der Angestellten hingewiesen [142: Entstehung]. MICHAEL PRINZ griff Ritters Argumentation 1991 zustimmend auf und differenzierte sie: Die These, daß durch die separate Versicherung von 1911 der Sonderstatus der Angestellten zementiert, deren Trennung von den Arbeitern vertieft und ihre Unterstützung für die herrschenden Eliten gewonnen werden sollte, sei nicht tragfähig. Vielmehr sei das Zustandekommen des AVG wenig wahrscheinlich gewesen und nur durch Zusammenwirken mehrerer, auch kontingenter Faktoren möglich geworden. Die Versicherung, ohne staatliche Beiträge finanziert, sah höhere Beiträge und Leistungen als die Arbeiterversicherung vor. Die Arbeiterbewegung habe zwar eine Angleichung gefordert, doch meist auf niedrigem Niveau. So habe die Angestelltenversicherung anfangs keine Schrittmacherfunktion gehabt. Dies habe sich erst in der NS-Zeit geändert, als auf Druck der NS-Betriebszellenorganisation und der DAF Unterschiede zwischen Angestellten und Arbeitern reduziert wurden. Schließlich hätten das Sozialversicherungsanpassungsgesetz 1949 und die Rentenreform 1957 beide Arbeitnehmergruppen weitgehend gleichgestellt. Der lange bestehende Gegensatz habe dazu beigetragen, dem leistungsbezogenen Konzept und damit dem Versicherungs- und Äquivalenzprinzip Dauer zu verleihen [152: PRINZ, Arbeiterbewegung].

Auch CHRISTOPH CONRAD urteilte, daß hinsichtlich des AVG „manche Aussagen über Privilegierung und ständische Abgrenzung arg übertrieben" wirkten. Die Sonderstellung auf der rechtlichen und symbolischen Ebene habe keineswegs eine reale Besserstellung im Alter bewirkt. Sie sei mit hohen Beiträgen und langen Wartezeiten erkauft worden und in der Inflation real nicht zur Geltung gekommen. Wichtiger sei, daß das AVG neue, höhere Standards setzte, „an denen sich andere Gruppen orientieren konnten", und einen entscheidenden Schritt „auf die Ausgestaltung der Altersphase als Ruhestand" hin gemacht habe. Dies sei allmählich verallgemeinert worden [270: CONRAD, Greis, 257 f.].

Die jüngste Forschung thematisiert die Angestelltenversicherung nicht mehr von der Arbeiterversicherung her, gewissermaßen als „sozialpolitische bedenkliche Nebenlinie der allgemeinen Entwicklung" [141: BICHLER, Formierung, 29], sondern vom gesamten Sozialversicherungssystem her. Dies gilt für zwei neuere Skizzen der renten- und krankenversicherungsrechtlichen Gleichstellung von Arbeitern und Angestellten [148: KOLB, Rentenversicherung; 150: OLDIGES, Krankenversicherung]; ferner für die grundlegende Dissertation von BARBARA BICHLER über die Entstehung des AVG, die Angestelltenbewegung und deren sozialversicherungsrechtliche Konzeptionen [141]. BICHLER stellt heraus, daß die Angestelltenversicherung in zweierlei Hinsicht über die ursprünglichen Prinzipien der Sozialversicherung hinausging: Sie bezog nicht mehr nur die wirtschaftlich-sozial Schwachen, sondern auch höhere Einkommensgruppen in die Versicherungspflicht ein. Ferner gestand sie den Angestellten weit höhere Leistungen als den Arbeitern zu; damit erkannte sie tendenziell den während des Berufslebens erreichten Lebensstandard als Grundlage der Rentenbemessung an und wollte die soziale Deklassierung im Alter vermeiden, auch wenn dies nur mit Abstrichen umgesetzt wurde.

Innovative Konzeption des AVG

Die mit der Angestelltenversicherung entstandene Reichs- bzw. Bundesversicherungsanstalt für Angestellte ist u. a. in Hinblick auf die

RfA und BfA

institutionelle Statusabsicherung von Interesse, hat jedoch bei der historischen Forschung noch kaum Beachtung gefunden. Erste Einblicke geben hauseigene Publikationen [z.B. 24: RFA, 25 Jahre Angestelltenversicherung; 5: BFA, 50 Jahre Angestelltenversicherung].

F. Berufsverbände, Gewerkschaften und politische Orientierung

1. Berufsverbände und Gewerkschaften

Gesamtentwicklung

Einen informativen gedrängten Überblick über die Gründung und Entwicklung der Organisationen der Angestellten von berufsständischen „Harmonieverbänden" über die Erfahrung gemeinschaftlicher Stärke bei der Durchsetzung des AVG und über die Vergewerkschaftung nach dem Ersten Weltkrieg, die „Gleichschaltung" durch die Nationalsozialisten und die Gründung von DAG und DGB nach dem Zweiten Weltkrieg bis zum Ende der fünfziger Jahre gibt GÜNTER HARTFIEL [37: Angestellte]. Es zeigt sich, daß die Angestelltenbewegung alles andere als einheitlich war. Sie differenzierte sich nach Kaufleuten, Technikern und Meistern, Männern und Frauen, Berufen, leitenden, mittleren und unteren Positionen und nicht zuletzt nach weltanschaulichen bzw. politischen Richtungen. Zwar gab es einschneidende allgemeine Umorientierungen und Vereinheitlichungen. Doch ist die Angestelltenbewegung auch heute heterogener als die Arbeiterbewegung. Selbst unter dem Dach der nach Zusammenarbeit strebenden Verbände sammeln sich Anhänger gegensätzlicher Orientierungen. Die Kongreßprotokolle und Tätigkeitsberichte der Gewerkschaften sind die wichtigsten Quellen für die Richtungskämpfe und jeweils aktuellen Probleme [z.B. für den Streit um die gewerkschaftliche Ausrichtung vor 1914 siehe 209: LANGE, Angestellte und Arbeiter]. Als Beispiel für die neueren Auseinandersetzungen sei ein von URSULA SCHUMM-GARLING für die Gewerkschaftsarbeit des DGB herausgegebener Sammelband genannt, der u.a. die betriebliche Mitbestimmung, Tarifpolitik und Veränderungen der Arbeitsprozesse behandelt [218: Angestellte].

1981 und 1991 publizierte der DGB Überblicke über die historischen Voraussetzungen und Grundlagen seiner Angestelltenpolitik bzw. über die Geschichte der Angestelltenbewegung, auch für Zwecke der Schulungs- und Bildungsarbeit [197: FEHRMANN/METZNER, Gewerkschaften; 43: KÖNIG, Die Angestellten]. Für die DAG legte dessen ehemaliges Bundesvorstandsmitglied GERHARD HALBERSTADT 1991 eine detaillierte, anschauliche Geschichte der Gründung, Organisation, Entwicklung und Programmatik der DAG vor. Sie informiert auch über deren Schrifttum und bezieht die Vorgeschichte ein [200: Die Angestellten]. Die Trennung der Angestelltenbewegung nach 1945 in die DAG und die DGB-Gewerkschaften wird von der Gewerkschaftshistoriographie ausführlich dargestellt. SIEGFRIED MIELKE hat die Quellen 1987 im 6. Band der „Quellen zur Geschichte der deutschen Gewerkschaftsbewegung im 20. Jahrhundert" publiziert [22].

Mit der expandierenden Stellenvermittlung, der Propagierung eines spezifischen Berufsethos, der Hebung des Ausbildungswesens und der Ablehnung der Frauenerwerbsarbeit erlebten die Angestelltenverbände gegen Ende des 19. Jahrhunderts den ersten großen Aufschwung [65: BÜCHER, Arbeiterfrage]. Unter den älteren Darstellungen ragt wegen ihrer Materialfülle eine Zusammenstellung von WILHELM KULEMANN heraus. Er hat – als bedeutend erweiterte Neubearbeitung einer entsprechenden Dokumentation von 1899/1900 [207: Gewerkschaftsbewegung) – für 1907/08 alle ihm zugänglichen Informationen über Organisation, Ziele, Mitgliederzahl etc. der Verbände zusammengestellt [206: Berufsvereine].

Verbandsschriften

Die meisten Angestelltenorganisationen haben Darstellungen ihrer Geschichte publiziert, oft aus der Feder führender Mitarbeiter, gelegentlich aus Anlaß von Jubiläen. Zu den informativen älteren Quellen gehören die vom gemäßigt-mittelständischen GDA 1930 zum zehnten Jahrestag seiner Gründung herausgegebene Darstellung über die „Epochen der Angestellten-Bewegung" seit 1774 [14], drei materialreiche Bände des AfA-Bundes über seine eigene Entwicklung und die Angestelltenbewegung 1921 bis 1931 [1, 2 und 3] und Überblicke über die Gewerkschaftsentwicklung der Techniker 1929 [4] sowie der weiblichen Angestellten (1929, 1964) [27; 28]; ferner ein im ZdA-Verlag erschienener historischer Abriß PAUL LANGES über die Bewegung und Lage der kaufmännischen Angestellten [210]. Zum 40jährigen Bestehen der Gewerkschaft HBV erschien 1988 ein „Bilder-Lesebuch" über die Geschichte, Arbeitsbedingungen und Zukunftstrends der „neuen Mehrheit" [34: EILRICH/HEMMER].

Wissenschaftliche Studien

Seit dem frühen 20. Jahrhundert erscheinen Monographien über einzelne Verbände, anfangs schmale, bald voluminöse Arbeiten, viele von der Pionierstudie Lederers angeregt, nicht wenige von dem Jenaer Staatswissenschaftler Julius Pierstorff betreut. Sie behandelten meist Fragen der aktuellen Organisation und Ziele mit einem kurzen historischen Rückgriff. Geschichtswissenschaftliche Studien waren nicht darunter. Sie thematisierten u.a. die technischen Privatbeamten [212:

MERTENS, Bewegung (1907)], die Bankbeamtenbewegung [194: BAUMSTEIGER, (1911); 205: JOHR (1919)], den ZdA [220: STEHR, Zentralverband (1926)], Angestelltenbewegung und gesellschaftliche Stellung [204: JOBST, Angestelltenbewegung (1930); 198: FISCHER, Die Angestellten (1932)]. Weitere, auch heute noch wichtige Studien, ebenfalls von Pierstorff betreut, untersuchten die Geschichte des Hamburger Vereins für Handlungs-Commis von 1858 sowie des wichtigsten und vor 1933 größten kaufmännischen Verbandes: des völkisch, antiparlamentarisch und antisemitisch orientierten DHV [221: STILLER, Verein (1910); 219: SCHUON, DHV (1914)]. Dessen Geschichte von der Gründung 1893 bis 1933 stellte IRIS HAMEL dar: die Verbandsorganisation, Bildungs- und politisch-programmatische Arbeit, insbesondere das Verhältnis zu den rechtsradikalen politischen Kräften. Sie argumentierte, zahlreiche DHV-Mitlieder hätten in der Weltwirtschaftskrise auf enges Zusammengehen mit der NSDAP gedrängt, während die Verbandsspitze die Kooperation mit den bürgerlichen Parteien gesucht habe [201: Verband; dazu nun 216: PRINZ, Ende]. Die Politisierung und Gleichschaltung der technischen Intelligenz in der NS-Zeit untersuchte KARL-HEINZ LUDWIG [47: Technik]. Er nahm dies in einem Sammelband wieder auf, den er zur 125jährigen Geschichte des VDI herausgab. Darin stellen zahlreiche Autoren die Vereinstätigkeit der deutschen Ingenieure seit 1856 dar [211: LUDWIG, VDI 1856–1981].

DHV

GDA Die Geschichte des nach dem Ersten Weltkrieg gegründeten freiheitlich-nationalen GDA bis zu dessen Ende 1933 untersuchte HEINZ-JÜRGEN PRIAMUS in einer sorgfältigen, materialreichen geschichtswissenschaftlichen Dissertation [215]. Er arbeitete heraus, daß der GDA anfangs den Weimarer Staat bejaht habe, aber – durch Rationalisierung und Arbeitslosigkeit enttäuscht – nach rechts gerückt, jedoch auf Distanz zur NSDAP geblieben sei.

Die großen Organisationen sind erst zum Teil erforscht. Noch schlechter steht es um die kleineren und die konfessionellen Verbände. Ausnahmen sind die Verbände der leitenden Angestellten in der Bundesrepublik [213: MÜLLER, Verbände] sowie die Verbandsorganisation katholischer Dienstboten und Hausangestellter in Baden vom ausgehenden 19. Jahrhundert bis Ende der 1920er Jahre [55: SPROLL, Struktur]. Noch kaum Aufmerksamkeit fanden die wirtschaftsfriedlichen („gelben“) Angestelltenorganisationen, die seit etwa 1908, zuerst offenbar bei MAN, aufgebaut wurden, bei Krupp stark verbreitet waren und nach 1918 zusammenbrachen, weil die Arbeitgeber sie nicht mehr unterstützen durften (für Krupp: 203: HEINRICHSBAUER,

Die „Gelben“

Die Privatangestellten, 54–91; für den Weltkrieg: 272: KOCKA, Klassengesellschaft, 77 f.].

Gewerkschaftliche Erfolge in der Weimarer Zeit

Eine systematische, empirisch fundierte Untersuchung der Angestellten während der Entlassungen und Einstellungsstops 1923/24 (Personalabbauverordnung) und 1926 bis 1933 (Doppelverdienerkampagne) steht noch aus. Ein erster Ansatz ist ein Aufsatz von ANDREAS KUNZ 1982 [208: Stand] über die Entstehung der Personalabbauverordnung 1923 und die damit verbundenen Konflikte zwischen den Interessenorganisationen der Beamten und der Angestellten. Neuere Untersuchungen könnten Ansätze von MICHAEL PRINZ aufnehmen. Dieser argumentiert – im Gegensatz zur Proletarisierungsthese –, die Angestellten hätten in der Weimar Zeit sozialversicherungsrechtliche und wirtschaftliche Erfolge erzielt. Als Folgerung stellt er die ältere These – die Besserstellung der Angestellten sei Resultat einer Divide-et-impera-Strategie von Unternehmern und Staat – gewissermaßen auf den Kopf: die Weimarer Angestellten hätten es verstanden, Kapital und Arbeit gegeneinander auszuspielen und dadurch ihren „Sonderstatus" zu verfestigen [50: Bilderbuchverhalten, 93].

Vereinheitlichungen in der NS-Zeit

PRINZ untersuchte den sozialen Status der Angestellten von der späten Weimarer bis zum Ende der NS-Zeit. Die Nationalsozialisten spannten die Angestellten in die Ideologie der Volksgemeinschaft ein. Sie privilegierten sie nicht, beeinträchtigten aber ihren hergebrachten Status auch nicht nachhaltig, obwohl es dazu Tendenzen u. a. in der DAF gab. Auf einigen Gebieten reduzierten sie Vorsprünge der Angestellten (u. a. bei der Entgeltfortzahlung im Krankheitsfall), auf anderen stellten sie Gleichheit mit den Arbeitern her (u. a. bei der Urlaubsregelung), auf wieder anderen bestanden Unterschiede fort (u. a. bei den Einkommensformen und Tarifsätzen). Vorsprünge der Angestellten wurden nicht durch deren Schlechterstellung eingeebnet, sondern durch Aufholen der Arbeiter und Übertragung von Angestelltenregelungen auf diese. Die NS-Herrschaft, so PRINZ, habe die Vereinheitlichung der Arbeitnehmerschaft ein Stück vorangetrieben und insofern eine „Modernisierungsfunktion" besessen; man könne „im Falle der Angestellten mit guten Gründen von einem eigenständigen nachhaltigen, wenn im einzelnen auch schwer zu gewichtenden Beitrag des Nationalsozialismus zur Beschleunigung des sozialen Wandels" sprechen. Die NS-Gesellschaftspolitik kennzeichne das „Nebeneinander moderndynamischer und restaurativ-konservativer Teilstrategien" [82: PRINZ, Mittelstand, 195, 333; 81: DERS., Stand, 354; 42: KOCKA, Die Angestellten, 178–192; ähnlich für den Bergbau: 57: TRISCHLER, Steiger, 351 ff.].

2. *Politische Orientierung und Wahlen*

Affinität zum Nationalsozialismus?

Im Zusammenhang mit der Frage nach der Entstehung des Nationalsozialismus wurde die späte Weimarer Republik zu einem bevorzugten Gegenstand der Angestelltenforschung. Bereits die Zeitgenossen urteilten, viele Angestellte zeigten Affinität zum Nationalsozialismus. THEODOR GEIGER stellte 1930 die These auf, die Wirtschaftskrise treibe „den Arbeiter zu den Kommunisten, den ideologisch fehlorientierten Angestellten zum Nationalsozialismus", schwächte dies allerdings zwei Jahre später ab [70: Panik, 654; 71: DERS., Schichtung, 109 ff.]. In ähnliche Richtung wies eine empirische Untersuchung ERICH FROMMS von 1929/30 über den Zusammenhang von „seelischem Apparat" und politisch-gesellschaftlicher Orientierung [199: FROMM, Arbeiter und Angestellte]. HANS SPEIER, Assistent Lederers, untersuchte das Verhalten der Angestellten an Hand der Frage, in welchem Umfang ihre Ansprüche auf soziale Geltung erfüllt oder enttäuscht wurden. Vor dem Hintergrund überwiegend mittelständischer Herkunft, tradierter Leitbilder und der im Vergleich mit Arbeitern günstigeren arbeitsrechtlichen Stellung zeigte er Konstanten der gesellschaftlichen Ansprüche und politischen Einstellungen trotz fortschreitender Vergewerkschaftung auf und erhellte die Haltung des durch Rationalisierung und Weltwirtschaftskrise enttäuschten „neuen Mittelstandes" gegenüber den Nationalsozialisten. Die Studie konnte 1933 nicht erscheinen; erst 1977 wurde sie in Deutschland vollständig publiziert [90: Die Angestellten]. CARL DREYFUSS arbeitete in einer umfänglichen Darstellung der beruflichen Positionen und ideologischen Orientierungen vor dem Nationalsozialismus heraus, daß sich viele Angestellten dem Mittelstand durch Herkunft und Attitude verbunden fühlten [195: Beruf]. IRIS HAMEL griff die These Geigers in Hinblick auf den DHV als größte Angestelltenorganisation auf und argumentierte, das antisemitische Gedankengut, das dieser verbreitete, sei ein Wegbereiter nationalsozialistischer Ideen gewesen [201: Verband].

Auch sozialstatistische Untersuchungen stützten anfangs die These der Affinität der Angestellten zum Nationalsozialismus. SAMUEL A. PRATT korrelierte in einer Pionierstudie 1948 die Stimmenanteile bei der Reichstagswahl im Juli 1932 mit dem Bevölkerungsanteil gesellschaftlicher Gruppen und fand positive Korrelationen zwischen Angestellten und NSDAP-Wählern [214: Basis].

Neuere Untersuchungen zeigen, daß die Zusammenhänge diffiziler sind. Offenbar spielten neben dem Beruf auch Geschlecht, Alter, Konfession, Besitzverhältnisse, wirtschaftliche Lage und publizistische

Einflüsse eine Rolle; das Gewicht dieser Faktoren variierte. Ferner gab es regionale und lokale Unterschiede sowie Veränderungen im Zeitverlauf. Offenbar hatte die NSDAP mindestens bis 1929 beim unzufriedenen unteren Mittelstand besonders großen Erfolg, drang aber seit den Septemberwahlen 1930 in immer weitere Wählerkreise ein und konnte schließlich als einzige Massenintegrationspartei heterogene Gruppen und Schichten mobilisieren.

Proletarisierungsthese

Erklärungsfaktoren hatte die Forschung vornehmlich darin gesehen, daß die politische Orientierung der Angestellten durch ständische Vorstellungen und staatsbeamtenähnliche Statusansprüche geprägt gewesen seien: durch berufs- oder bildungsständische Rekrutierungsmuster [71: Geiger, Schichtung, 103f.] bzw. durch das Überleben feudal-ständischer und bürokratischer Orientierungen, die in Krisen defensiv-mittelständischen Protest hervorriefen [253: Kocka, Faschismus, 309f.]. Kocka hatte die These entwickelt, die Angestellten hätten ihre Situation relativ zu derjenigen der Arbeiter interpretiert; die Verringerung des Abstands („relative Deprivation") sei eine der Hauptursachen für das Gefühl von Statusbedrohung und damit auch für politischen Protest gewesen [253: Faschismus, 34]. Die Forschung hatte angenommen, diese Entwicklung habe in der Inflation, Rationalisierung und Weltwirtschaftskrise an Schärfe gewonnen.

Revision

Doch in den siebziger Jahren setzte Kritik an der „Proletarisierungsthese" und insbesondere der These vom engen Zusammenhang zwischen „neuem Mittelstand" und Nationalsozialismus ein. Für die Zeit vor dem Ersten Weltkrieg wies Günther Schulz 1979 darauf hin, daß die „Proletarisierungsthese" nur durch Verbandsmaterialien gestützt werde; auf der Mikroebene der Unternehmen lasse sie sich nicht halten [54: Schulz, Die industriellen Angestellten, 249–256]. Für die Weimarer Zeit argumentierte Richard Hamilton, Sparquote, Realgehälter und andere Indikatoren der wirtschaftlich-sozialen Entwicklung deuteten darauf hin, daß die Proletarisierungsthese nicht zutreffe [202: Hamilton, Basis.]. Michael Prinz fand heraus, daß die Inflation zwar Einkommensunterschiede *innerhalb* der Angestellten nivellierte; die Gehälter überschritten Ende der 20er Jahre wieder den Vorkriegsstand und stiegen dann weiter an; die Lage der Angestellten verschlechterte sich in der Weltwirtschaftskrise, doch könne, „zumindest im statistischen Durchschnitt, von einer Nivellierung der Arbeiter-Angestellten-Differenz im strikten Sinne nicht die Rede sein" [82: Prinz, Mittelstand, 62; 50: Ders., Bilderbuchverhalten, 90f.]. Zum gleichen Ergebnis gelangte Trischler hinsichtlich des Bergbaus [57: Steiger, 297f.]. Der wichtigste Einwand gegen die Proletarisierungsthese lautet, daß

Kein Verlust von Statusvorteilen?

die Angestellten in der Weimarer Zeit von der staatlichen Sozialpolitik stärker als die Arbeiter profitierten; ferner blieben ihre Realeinkommen in der Weltwirtschaftskrise offenbar stabil. Insofern scheint die Parole „Panik im Mittelstand" nicht Ausdruck der wirtschaftlichen Realität, sondern ein Instrument der Verbände gewesen zu sein, um weitere Sozialgesetze durchzusetzen [50: PRINZ, Bilderbuchverhalten]. Im übrigen gewann auch die SPD bei den Angestellten Boden [ihr Verhältnis zu den Angestellten untersuchte 217: PRINZ, Wandel], so daß von einseitiger Ausrichtung nach rechts nicht die Rede sein könne.

Überzeichnung durch Äußerungen der Verbände

Des weiteren argumentierten die Kritiker, KOCKA und die älteren Autoren hätten überwiegend programmatische Äußerungen der Verbände herangezogen; die Lebensverhältnisse der Angestellten seien jedoch anders gewesen. SANDRA J. COYNER kam bei Untersuchungen des Konsumverhaltens zu dem Ergebnis, daß sich die Angestellten Ende der zwanziger Jahre auf fast allen Gebieten des Lebensstils sowohl von den Beamten als auch von den Arbeitern unterschieden und eigenständige Muster des Massenkonsums entwickelt hätten, die allgemein erst die Massengesellschaft nach 1945 prägten. Insofern seien sie Vorreiter der Moderne [226: Class Patterns; 225: DIES., Class Consciousness]. Daran knüpfte REINHARD SPREE mit einer Untersuchung des Reproduktionsverhaltens (Kinderzahl, Geburtenkontrolle) an. Auch hier fand er moderne Lebensformen ausgeprägt; dies mache „eine partielle Korrektur" von KOCKAS Ansatz erforderlich. Er bestritt nicht, daß die Angestellten zu rechtsgerichtetem Protest neigten; die Ursache sah er jedoch nicht im Überleben vorbürgerlicher Traditionen, sondern im Fehlen sinnstiftender verhaltensrelevanter Traditionselemente [240: SPREE, Modernisierungsagenten].

Keine überproportionale Affinität zum Nationalsozialismus

Inzwischen haben Forschungen die These der überproportionalen NS-Affinität der Angestellten widerlegt. Größere EDV-Möglichkeiten machten neue Untersuchungen der NS-Wählerschaft mit bedeutendem quantitativem und methodischem Aufwand möglich. JÜRGEN W. FALTER, der die neuere Forschung stark vorantrieb, urteilt, daß die Resultate „keineswegs" auf besonders starke Affinität der Angestellten zum Nationalsozialismus hindeuteten. Die bislang benutzten klassen-, massen- und konfessionstheoretischen Ansätze erklärten das NS-Wählerverhalten jeweils nur zum Teil, nicht insgesamt. Die NSDAP, so FALTERS Fazit, war keine reine oder auch nur überwiegende Mittelschichtbewegung, sondern eine „Volkspartei des Protestes". Offenbar hatten Traditions- und Milieubindung großen Einfluß auf das Wahl- und das Organisationsverhalten. Diese Ergebnisse zwingen zur umfassenden Revision der früheren Forschung oder aber zu methodischer Kritik an

Falters Untersuchungen, was freilich eine weitreichende Spezialisierung erfordern würde [196: FALTER, Wähler, 230–242, 371 f.; 50: PRINZ, Bilderbuchverhalten].

G. Der Alltag der Angestellten

1. Familie, Haushalt, Wohnen, Kultur

Übergewicht der Großstadt und des Großbetriebs

Die Angestellten wurden in der Öffentlichkeit und Publizistik überwiegend als Phänomen der Großstädte und der Großbetriebe wahrgenommen. 1929 veröffentlichte SIEGFRIED KRACAUER im Feuilleton der „Frankfurter Zeitung" ein Feature über die Angestellten: „Aus dem neuesten Deutschland". Es wurde 1930 als Buch publiziert und umfaßt Reportagen und Analysen aus Berlin und aus Großbetrieben als „Modell der Zukunft". Der Verfasser will die Wirklichkeit „von ihren Extremen her" erschließen [44: KRACAUER, Die Angestellten, 7]. Kritisch („mit Angestelltenaugen") setzte sich mit ihm das GDA-Bundesvorstandsmitglied MAX RÖSSIGER auseinander [52: Gegenwartsbetrachtungen]. Die Fixierung auf die Großstadt, wo nicht nur die großen Zeitungen, sondern auch die Angestelltenverbände ihren Sitz hatten, und auf den Großbetrieb hat manchen Sachverhalt besonders gut erhellt, doch auch manches überzeichnet [129: SCHULZ, Die weiblichen Angestellten, 180; 233: LAUTERBACH, Großstadtmenschen].

Forschungsdesiderat: Familie der Angestellten

Während die bäuerliche, bürgerliche und Arbeiterfamilie in der Forschung breite Aufmerksamkeit fanden [z.B. 277: SIEDER, Sozialgeschichte], wurde die Familie der Angestellten noch kaum untersucht, obwohl zum Beispiel zahlreiche Biographien, Haushaltserhebungen, Akten der betrieblichen Personalverwaltungen, der Sozialversicherung und der Gerichte (Scheidungsklagen etc.) reichhaltiges Material bieten. Familiengeschichtliche Studien könnten Aufschlüsse über die Familienrollen, und -karrieren, die besondere Aufstiegsorientierung der Angestellten (zur Rekrutierung siehe Kap. II.C.), die familiale Sozialisation und Kontakte sowie über deren Bestimmungsgründe geben, wie etwa Ansätze FROMMS für die späte Weimarer Zeit zeigen [199: Arbeiter und Angestellte]. Sie könnten der Diskussion über Mentalitäten und gesellschaftliche Schichtung neue Impulse geben, denn die Angestellten gehörten – wie lokale Daten vermuten lassen – ebenso wie die Selbständigen zu denjenigen Gruppen, bei denen die Größe der Familie schon früh zurückging. REINHARD SPREE arbeitete heraus, daß sich bei den Angestellten früh und nachhaltig der Trend zur Ein-Kind-Familie durchsetzte; die Zahl kinderloser Ehen war relativ hoch [240: Modernisierungsagenten]. Die familiäre Rollenverteilung allerdings – berufsorientierter Mann, haushalts- und kinderorientierte Frau – scheint bei den Angestellten ebenso wie bei den Staatsbeamten und vielen Selbständigen weit stärker als bei den Arbeitern ausgeprägt gewesen zu sein.

Budgets

Viele Angestellten verfügten über mehr Sicherheit der Lebensführung als Arbeiter. Doch waren auch ihre Budgets meist eng, was zu belegen das Ziel vieler Verbandserhebungen war (siehe Kap. II.E.1.). Enquêten des DHV und des AfA-Bundes bezifferten die durchschnittlichen monatlichen Gesamteinnahmen des Angestelltenhaushalts 1926 auf 364 bzw. 370 RM. Von den Ausgaben entfielen rund ein Drittel auf Ernährung, 18–19% auf Miete und Heizung sowie ein relativ hoher Anteil auf „Kulturbedarf": Zeitungen, Bücher, Theater, Kino, Körper-, Gesundheitspflege und Geschenke. Die Angestellten wandten offenbar stets höhere Budgetanteile für Kultur, Bildung und Wohnung sowie für Ersparnisse auf als die Arbeiter, hierin den Beamten ähnlich [84: ROTHENBACHER, Ungleichheit, 132ff., 251; 258: LUDESCHER, Büromenschen, 153–169]. Die Anteile für Ernährung waren meist geringer als bei den Arbeitern. Bei den Nahrungsmitteln dominierte ebenso wie bei den Neuanschaffungen der einfache, nicht der gehobene Bedarf. Möbel, Mäntel und andere kostspieligere Güter wurden vielfach auf Raten gekauft [8: DHV, Haushalt; 25: SUHR, Lebenshaltung]. Die Familie der Angestellten war kleiner als die der Arbeiter. Die gedruckten Budgets der Haushaltungen von rund 5000 Angestelten, Beamten und meist besser verdienenden Arbeiter zwischen 1901 und 1937 hat ARMIN TRIEBEL untersucht und dabei Unterschiede des Konsumverhaltens und der sich darin ausdrückenden Lebensstile herausgearbeitet. Er kommt zu dem Ergebnis, daß das Konsummuster der Arbeiter relativ homogen war, das der Angestellten hingegen „ein compositum mixtum an der Grenze von Proletarität und Bürgerlichkeit", doch bürgerlichen Stilmustern stärker benachbart als proletarischen, was sich in der Weimarer Zeit verstärkte [241: Klassen, Band 1, 405].

Konsumverhalten

Unterschiede der Lebensführung und des Habitus zwischen Büroangestellten und Arbeitern bestehen offenbar auch heute noch, obwohl sich die positionalen Unterschiede zwischen den beiden Gruppen vermindert haben, wie DIETER KARRER in seiner soziologischen Dissertation mit empirischem Material herausfand [230: Last; ähnlich 42: KOCKA, Die Angestellten, 200.]. Er führt dies vornehmlich auf Einflüsse der beruflichen Position, der Laufbahn und sozialräumlicher Faktoren zurück.

In der Weimarer Zeit bildeten die Angestellten, wie zuvor die Arbeiter, verstärkt sozialkulturelle Gruppenbeziehungen und Milieus aus. Das betraf nicht nur ältere Formen wie das betriebliche und außerbetriebliche Vereinswesen, das gegenwärtig zunehmend Interesse findet [234: LAUTERBACH, New Majority; 232: DERS., „Beamten"-Vereine] – übrigens war die Sozialstruktur der deutschen Fußballsportler offenbar stärker von Angestellten als von Arbeitern geprägt [228: EISENBERG, Angestelltenfußball] –, sondern es betraf auch Presse und Unterhaltung: Der DHV, der mit anderen DGB-Gewerkschaften an der Tageszeitung „Der Deutsche" beteiligt war, kaufte 1927 und 1931 die schöngeistigen Verlage Georg Müller und Albert Langen [236: MEYER, Verlagsfusion, 3, 16]. Ferner prägten die Verbände sozialräumliche Milieus, indem sie sich umfangreich im Wohnungsbau engagierten. Mit staatlichen Darlehen („Hauszinssteuermitteln") und Geldern der RfA bauten sie mithilfe gemeinnütziger Tochterunternehmen wohnreformerische Großsiedlungen: gesunde, große, gut besonnte, möglichst preiswerte und deshalb meist standardisierte Wohnungen [242: UNGERS, Suche]. Es bildeten sich korporatistische Verflechtungen der Gewerkschaften und ihrer Vorfeldorganisationen mit Bauträgern und geldgebenden Institutionen, Kommunen und Parteien. Die Spaltung der Gewerkschaftsbewegung in drei weltanschauliche Richtungen wirkte sich in den Siedlungen und Wohnmilieus aus. Architektonische Unterschiede (Neues Bauen mit funktionalistischer Architektur, Flachdach, Glas, Beton versus traditioneller Bauweise mit organischer Architektur, Steildach, Sprossenfenstern, Schlagläden) wurden weltanschaulich-politisch instrumentalisiert. Konservative Angestelltengewerkschaften gründeten 1918 unter Führung des DHV die Gemeinnützige Aktien-Gesellschaft für Angestellten-Heimstätten (GAGFAH), die überwiegend in traditionellen Formen baute. Sie wurde eine der größten Wohnungsbaugesellschaften (Bericht über die Wohnungsbauleistung in 11: GAGFAH 1918–1993; 10: GAGFAH 1918–1968; 12: GAGFAH, 16000 Wohnungen; 237: OECKL, Wohnungsverhältnisse). An ihrer Spitze stand von 1924 bis 1956 Arnold Knoblauch. In der NS-Zeit wurde die GAGFAH für politisch genehme „Volksgenossen" und für Mitarbeiter der expandierenden Rüstungsindustrie instrumentalisiert. 1949/51 verlegte sie ihren Hauptsitz von Weimar (juristisch) und Berlin (Hauptverwaltung) nach Essen. Die RfA hatte 1934 die Mehrheit der GAGFAH-Aktien von der DAF übernommen; ihre Nachfolgerin wurde 1953 die BfA. Sie ist seither Hauptaktionärin der GAGFAH. Großen Einfluß hat die DAG.

Vereine

Fußball

Presse

Reformwohnungsbau

GAGFAH

2. *Die Angestellten in der Literatur und im Film*

Angestellte in der Literatur vergessen?

In zahlreichen herausragenden älteren Werken der Literaturgeschichte werden der Kaufmann und seine Familie thematisiert, selten aber der Angestellte – z.B. GUSTAV FREYTAG, Soll und Haben (1855); THOMAS MANN, Die Buddenbrooks (1901). Deshalb herrschte bis in die 1960er Jahre die Auffassung, der Angestellte sei im sozialen Roman und in der „schöngeistigen" Literatur bis zum Ersten Weltkrieg ein „vergessener Faktor" [178: NEULOH, Automation, 27], anders als der Arbeiter, den die sozialistischen und viele sozialreformerische Autoren als Hoffnungsträger für eine bessere Zukunft betrachteten und deshalb häufig in den Mittelpunkt stellten. Tatsächlich aber verzichtet nur die Lyrik darauf, Angestellte zu thematisieren – auch dies im Unterschied zu den Arbeitern [227: DEICH, Roman, 27]. Für die Epik hingegen hat die soziologische Forschung gezeigt, daß etwa seit der Jahrhundertwende in großer Zahl Trivialromane entstanden, die die Angestelltenwelt reflektierten. WERNER DEICH ermittelte, daß von 1880 bis 1914 in Deutschland rund 67 Alltags-, soziale, Berufs-, Liebesromane und Autobiographien erschienen, in denen Büroangestellte eine Hauptrolle spielen (u.a. von Rudolf Herzog, Philipp Kniest, Wilhelm Raabe, Hanns von Zobeltitz). Die meisten erschienen nach 1900, was die gewachsene Bedeutung der Angestellten zeigt. Zwar wäre es falsch, die Darstellung der Angestellten im Trivialroman als realistische Wiedergabe der Lebenswelt anzusehen. Sie führt vielmehr in eine unter ästhetischen Gesichtspunkten komponierte Kunstwelt voller Stilisierung und Idealisierung, Illusionen und Kompensation, von Wirklichkeitsflucht, -überzeichnung und Kritik. Doch für den Zugang zu dieser Stilisierung, zu sozialen Situationen und Typen, haben die Romane großen Quellenwert. DEICHS Studie zeigt dies, indem sie den Romanschilderungen sozialwissenschaftliche Befunde gegenüberstellt.

Um 1900

Weimarer Zeit

Unterhaltungsroman

In der Weimarer Zeit, mit dem Wachstum der Zielgruppe, nahm die Zahl der für die Massennachfrage der Angestellten geschriebenen Unterhaltungsromane beträchtlich zu. Dieser Romantyp spielt im Angestelltenmilieu und schildert angestelltenspezifische Krisen und deren Bewältigung. Dabei werden Elemente der Realität aufgegriffen und zu utopischen oder ideologischen Kontexten zusammengefügt. Ein Beispiel ist der Erfolgsroman von IRMGARD KEUN „Gilgi, eine von uns" von 1931 [231]: Eine junge fleißige, disziplinierte, ehrgeizige Büroangestellte geht eine Liaison mit einem Lebenskünstler ein. Sie nimmt seine Lebensart an, wird arbeitslos, später schwanger. Durch den Selbstmord eines alten Freundes aufgerüttelt, verläßt sie ihren Freund,

Irmgard Keun: Gilgi, eine von uns

um in einer anderen Stadt wieder diszipliniert berufstätig zu werden und ihr Kind großzuziehen. Der Roman spielt in der Weltwirtschaftskrise. Er stellt eine unsentimentale starke Frau in den Mittelpunkt: Ausdruck der neuen Sachlichkeit der Angestelltenkultur [223: BECKER/WEISS, Neue Sachlichkeit]. Die private Problematik steht im Zentrum, Gesellschaftskritik spielt allenfalls am Rande herein. Das Buch wurde zu einem der großen Weimarer Erfolgsromane. Er wurde in der SPD-Zeitung „Vorwärts" abgedruckt und erlebte in den ersten beiden Monaten nach Erscheinen sechs Auflagen.

Hans Fallada: Kleiner Mann, was nun?

Noch erfolgreicher war HANS FALLADAS Roman „Kleiner Mann, was nun?", 1932 veröffentlicht und im Jahr darauf verfilmt [229]. Er zeigt die harte, deprimierende Arbeitswelt des „durchschnittlichen" Buchhalters Johannes Pinneberg; sie ist voller Schikanen, Demütigungen, sozialer Unsicherheit und Abstieg, im Arbeitsleben ebenso wie im Verhältnis zum Vermieter und zu anderen. Im Kontrast dazu steht das private Glück des kleinen Angestellten in der Verbindung mit der warmherzigen, tatkräftigen Arbeitertochter Emma, die er heiratet und mit der er ein Kind hat. Sie hält trotz aller Widrigkeiten zu ihm. Der Rückzug in die Familie gibt Pinneberg die Geborgenheit und Wärme, die ihm helfen, den gesellschaftlichen Abstieg zu ertragen. Die zeitgenössische Literaturkritik kritisierte, der Roman verzichte auf eine emanzipatorische Perspektive. Er zeigt die Abhängigkeit des „durchschnittlichen" Angestelltenlebens von der Konjunktur. Er demonstriert das Gewicht äußerer Zeichen wie Schlips und Kragen für das Selbstwertgefühl, die Respektierlichkeit und die Abgrenzung von den Arbeitern.

Typen des Angestelltenromans

Der Angestelltenroman umfaßt bis in die Gegenwart alle Schattierungen vom Trivial-, Kolportage- oder Groschenroman – in dem dem „reizenden Mädchen" der soziale Aufstieg dadurch gelingt, daß sich der Chef oder ein Unternehmersohn für die Liebe zur kleinen Angestellten und gegen die intrigante eigene Klassengenossin entscheidet – über den Gesellschaftsroman, der Versatzstücke aus dem Angestelltenalltag und -milieu aufgreift und in spezifischen Kontexten montiert, bis hin zum einfühlsamen Psychogramm, das die Realität des Büroalltags aufnimmt, literarisch verarbeitet und dadurch „bewältigt" [z.B. 235: LINK, Vorzimmer]. Die Autoren der hohen Literatur hingegen interessieren sich in der Regel nicht für den Angestellten, wohl aber für seine Berufswelt. Diese wurde als öde, anonym, undurchschaubar und übermächtig empfunden: als Bild für die Anonymität der modernen Welt.

Franz Kafka

Der Hauptrepräsentant dieser Sicht ist FRANZ KAFKA. Für ihn war ebenfalls weniger der Angestellte das Thema als vielmehr die Welt des

Angestellten, die als Chiffre für eine unübersichtliche, bürokratisch zugestellte Gegenwart erscheint („Der Prozeß", 1925; „Das Schloß", 1926).

Frauenmagazine

Neue Frauenmagazine wie „Die Dame" (Ullstein-Verlag) und „Scherl's Magazin" trugen in der Weimarer Zeit zum hohen Sozialprestige der „sauberen" Angestelltenberufe bei und vermitteiten ein Modebewußtsein, das sich in wachsenden Ausgaben für den Friseur, für Kosmetik und Kleidung vor allem der großstädtischen weiblichen Angestellten niederschlug [140: WYSOCKI, Aufbruch, 298; 111: KRAMER, Veränderungen, 21 f.].

Film

Auch der Spielfilm entdeckte in der Weimarer Zeit die Angestellten. Ebenso wie der Roman ist auch der Film ein Medium der künstlerischen Stilisierung, nicht der sozialwissenschaftlichen Analyse, wenngleich beide auch die Sozialreportage kennen. Umstritten ist für den Film wie für den Roman, ob er eher aufklärend, kritisch, emanzipatorisch oder eher affirmativ, kompensatorisch, eskapistisch wirkt [239: SCHETTLER, Arbeiter und Angestellte, 10f.]. Ein Vergleich von filmischer Darstellung und historischer Realität ist das Ziel der Dissertation von HOLGER SCHETTLER. Er kommt zu dem Ergebnis, daß die Kragenlinie und das Sonderstatusdenken der Angestellten in den Filmen der Zwischenkriegszeit keine Rolle spielten. Hier erschienen die Angestellten vielmehr als Teil der modernen Massenkultur, als eine dezidiert moderne, konsum- und technikorientierte Bevölkerungsschicht. Der Film stellte sie nicht in berufsspezifischen Situationen dar, sondern bei Problemen des Alltags und Konsums, etwa beim Ausbrechen aus dem gewohnten Tagesablauf. Soziale Nöte wurden dabei eher verharmlost oder verdrängt. In der Weimarer Zeit stellte die neue Filmindustrie den Typ der jungen, hübschen, energiegeladenen, strebsamen und fleißigen Angestellten (Stenotypistin) in den Mittelpunkt. Der Film ermöglichte die Flucht in eine Traumwelt nach Feierabend, um den grauen Alltag zu übertünchen. Der NS-Film schließlich zielte darauf, den Arbeiter-Angestellten-Unterschied in der NS-Gemeinschaftsideologie aufzuheben [239: SCHETTLER, Arbeiter und Angestellte, 246–271]. Die Filme der fünfziger Jahre thematisierten die Angestellten – wie die Berufswelt überhaupt – selten, spiegelten aber gelegentlich die Aufstiegsambitionen der Angestellten [238: OSTERLAND, Gesellschaftsbilder, 109–116, 152–155]; manche machten sich in humoristischer Manier über die Bürowelt lustig, etwa in Rollen von Heinz Rühmann und Heinz Erhard („Willi Winzig").

H. Angestellte im internationalen Vergleich

Die Geschichte der deutschen Angestellten und ihre Erforschung werden erst beim internationalen Vergleich recht deutlich: Weder in Frankreich noch in Großbritannien interpretierte man die Angestellten als „neuen Mittelstand“ oder „Zwischenklasse“; ebensowenig wurde ihre Orientierung dort als „falsches Bewußtsein“ kritisiert [259: MANGOLD, Angestelltengeschichte, 12f.]. So ist der internationale Vergleich ein „Königsweg“ der Angestelltenforschung. Doch er wurde bislang selten beschritten [260: NIENHAUS, Angestellte]. Schon 1916 skizzierte RASSBACH die Lage der Privatangestellten in den USA, um „den Vergleich mit den analogen Verhältnissen in Deutschland zu ermöglichen“ [51: Betrachtungen, 267]. Ausführlich widmete sich erst wieder KOCKA dem Vergleich deutscher Angestellter und amerikanischer „white collar workers“ bzw. „employees“ zwischen 1890 und 1940 [253: Faschismus]. Sein Ziel war es, die deutsche Entwicklung um so schärfer analysieren und zugleich die Entstehung des Nationalsozialismus weiter erhellen zu können: ein Beitrag zur Erklärung des politischen Angestelltenverhaltens im Zusammenhang von Industrialisierung und kleinbürgerlichem, vornehmlich rechtsgerichtetem Protest und zur „Sonderwegsdiskussion“. KOCKA fragte wie in seiner Siemens-Studie vor allem nach der Abgrenzung von Angestellten und Arbeitern; er bezog vornehmlich die unteren und mittleren Angestellten in Handel und Industrie, insbesondere eine amerikanische Verkäufergewerkschaft ein, schwerpunktmäßig in den hochindustrialisierten und urbanisierten nordöstlichen Staaten der USA. Die Studie zeigt, daß in den USA der Unterschied zwischen Angestellten und Arbeitern schwächer ausgeprägt und die Neigung zu rechtsgerichtetem Protest bei den Angestellten geringer als in Deutschland war. KOCKA betont, daß dies nicht allein und nicht zwingend aus der ökonomischen Lage und dem Wirtschaftssystem abzuleiten sei. Vielmehr wirkten fünf Ursachen: die größere Bedeutung der Einwanderung und ethnischer Faktoren in den USA; geringerer Organisationsgrad sowie Unterschiede der Gewerkschaftsbewegung; zeitliche und Intensitätsdivergenzen staatlicher Eingriffe; andere soziale und Aufstiegsmentalität; schließlich vor allem: eine andere Intensität berufsständischer und bürokratischer Traditionen. Es scheint, daß in den USA bessere Bildungs- und Aufstiegschancen bestanden; daß in Europa die Trennlinie zu den Arbeitern schärfer gezogen war, weniger am Arbeitsplatz als außerhalb: durch Konsumstil, gesellschaftliche Kontakte, Selbstverständnis u.a.m. KOCKAS Studie wurde 1980

USA

Schwächere Abgrenzung von Angestellten und Arbeitern in den USA

Ursachenbündel

auch in den USA publiziert. Nachfolgevergleiche fehlen bislang. Für Deutschland wäre etwa der Ansatz SOBELS zu prüfen, der für die USA seit 1940 eine dezidierte „class proletarianization" der Angestellten feststellte (trotz zwischenzeitlicher „deproletarianization"), wobei sich die Unterschiede innerhalb der „white collar working class" verstärkten [265: SOBEL, Working Class, 138 f.].

KOCKA regte weitere internationale und interdisziplinäre Vergleiche an, die u.a. in einem Tagungsband erschienen [252: KOCKA, Vergleich]. Auch hier stand der Unterschied zwischen Angestellten und Arbeitern im Zentrum, ferner die „Sonderwegsdebatte" mit der Frage, warum der Faschismus in Deutschland, nicht aber in den anderen westeuropäischen Staaten und den USA an die Macht gelangte und welche Rolle die Angestellten dabei spielten. Im übrigen bezogen viele Beiträge neben der traditionellen Organisationsgeschichte auf historisch-empirischer Grundlage auch die Arbeits- und Lebensverhältnisse der Angestellten ein.

Sonderwegsdebatte

Österreich

In Österreich wurde seit dem späten 19. Jahrhundert eine intensive Diskussion über die gesellschaftliche und sozialrechtliche Stellung der Angestellten geführt, eng an die Debatten in Deutschland angelehnt [247: BOTZ, Angestellte; 244: BARYLI, Geschichte]. Österreich folgte nicht einfach dem deutschen Beispiel, vielmehr entwickelte es eine Reihe arbeits- und sozialrechtlicher „Privilegierungen" der Angestellten früher als das Deutsche Reich. Beide Länder beeinflußten sich offenbar wechselseitig. Unter anderem gab die Einrichtung einer Sonderversicherung für Privatbeamte 1906 in Österreich der deutschen Angestelltenbewegung Impulse [261: OTRUBA, Privatbeamtenorganisationen]. Doch fand die Diffusion von Leitbildern und Instrumenten über die nationalen Grenzen hinweg bislang kaum Aufmerksamkeit. Eine der wenigen Ausnahmen legte WALTER PEISSL 1994 vor: eine historische Soziologie der Angestellten Österreichs auf der Grundlage der Schriften LEDERERS. PEISSL untersuchte die historisch-politischen Voraussetzungen der „Sonderstellung". Er betonte, das dominierende Kennzeichen der Angestellten sei die Lohnabhängigkeit. Zwar bestünden Unterschiede zu den Arbeitern weiter, doch dominiere die Tendenz zur Einebnung; die „Kragenlinie" sei „ein typisch österreichisches (und deutsches) Phänomen" [262: PEISSL, Proletariat, 292].

Ein differenziertes Bild industrieller Angestellter in Österreich vom ausgehenden 19. Jahrhundert bis zum Ende der 1930er Jahre entwarf auch MARCUS LUDESCHER 1998. Angeregt von der soziokulturellen Klassentheorie des französischen Soziologen und Anthropologen PIERRE BOURDIEU untersuchte er Themen des Arbeits- und Lebensalltags: Arbeitsbedingungen und Konflikte im Büro, Ausbildungssystem, Entlohnung und Karrieren, das reproduktive Verhalten und kulturelle Leitbilder, ferner die gewerkschaftlichen Orientierungen. Er rückt von der Vorstellung einer „Sonderstellung" der Angestellten ab und zeigt diese als Gruppe (nicht als eigene gesellschaftliche Schicht), die in alle gesellschaftlichen Schichten hineinreichte und die durch das Nebeneinander von vormodernen, ständischen, traditionalen, bürokratischen und modernen, traditionslosen, zukunftsbezogenen Elementen gekennzeichnet ist [258: Büromenschen].

Die Verhältnisse in der Schweiz ähnelten denjenigen in Deutschland. Dazu trug offenbar bei, daß Angestellte zwischen den deutschsprachigen Ländern nicht zuletzt auf Grund von Unternehmensverflechtungen wechselten. Der Austausch mit Österreich war offenbar stärker als der mit der Schweiz. Eine Gesamtdarstellung der Angestellten in der Schweiz von den Anfängen der Industrialisierung bis etwa 1950 legten MARIO KÖNIG, HANNES SIEGRIST und RUDOLF VETTERLI 1985 vor [257: Warten]. Organisation, soziale Lage und Streiks der kaufmännischen Angestellten 1914–1920 untersuchte KÖNIG [255: Die Angestellten]. Als Beispiel einer Betriebsstudie sei SIEGRISTS Untersuchung der Angestellten bei der Georg Fischer AG genannt, einer Gießerei, von der Gründung bis zur großbetrieblichen Organisation 1797–1930 [263: Familienbetrieb]. Schweiz

Die schweizerischen Angestellten blieben, obwohl sich ihre Lage wie in Deutschland im Ersten Weltkrieg verschlechterte und die Arbeitslosigkeit in der Weltwirtschaftskrise hoch war, ihrem traditionellen kleinbürgerlichen Milieu treu und schlossen sich nicht, wie die deutschen, in großer Zahl dem Nationalsozialismus an. Die schweizerischen Angestellten orientierten sich vielfach an den deutschen. Doch ein gruppenübergreifendes Angestelltenbewußtsein, wie es sich in Deutschland mit dem AVG von 1911 manifestierte, gab es in der Schweiz nur in Ansätzen. Auch dort hatten die Angestellten ein ausgeprägt „mittelständisches" Selbstverständnis. Es wurde ebenso wie in Deutschland in der Rationalisierungskrise erschüttert. Doch repressive und sozialintegrative Maßnahmen (Disziplinierung von Aktivisten, Errichtung von Pensionskassen) trugen dazu bei, daß sich radikale Tendenzen nicht weiter durchsetzten. Allerdings gibt es Unterschiede zwischen Deutschland und der Schweiz. Dazu gehören die (außer im Ersten Weltkrieg) erstaunlich große Stabilität der Einkommensrelation zwischen Angestellten und Arbeitern, ferner die spätere und schwächere gewerkschaftliche Orientierung als in Deutschland und die schweizerischen „Hausverbände" als multifunktionale, betriebsnahe

Organisationen [257: König/Siegrist/Vetterli, Warten; 256: Dies., Sozialgeschichte; 264: Siegrist, Pioniere; 255: König, Die Angestellten; 268: Trischler, Sozialgeschichte]. Offenbar war in der Schweiz die Integrationskraft des Bürgertums größer und die Interventionsbereitschaft des Staates schwächer als in Deutschland [254: König, Angestellte, 247 ff.]

Großbritannien

In Großbritannien und Frankreich gab es vor dem Zweiten Weltkrieg fast gar keine sozialwissenschaftlichen Forschungen über die Angestellten [259: Mangold, Angestelltengeschichte, 11 ff., 26–38]. Internationale Vergleiche sind auch heute selten. So steckt der deutsch-britische Vergleich noch in den Kinderschuhen [Skizzen bei 243: Anderson, Angestellte; 245: Behringer, Ingenieure; 249: Crossick, Angestellte]. Er ist der Bezugsrahmen einer soziologischen Studie Behringers über die Privatangestellten in Großbritannien. Der Verfasser arbeitet überraschend viele Parallelen heraus. Unterschiede hingegen gebe es u. a. bei der Rolle des Staates, ferner bei der Berufsausbildung: in England vornehmlich durch Berufspraxis („training on the job"; Erfahrungswissen), in Deutschland hingegen durch ein staatlich gestütztes Ausbildungssystem. Behringer versucht, die Angestelltenverhältnisse von der Arbeitsmarktsituation her zu erklären. Mit deutlicher Kritik an Kocka lehnt er den Rekurs auf vorindustrielle Traditionen und die Konstruktion eines deutschen „Sonderwegs" ab [246: Soziologie, 500–508].

Frankreich

Auch in Frankreich fanden die Angestellten bislang wenig Aufmerksamkeit – abgesehen von Forschungen über die Techniker nach 1945 [250: Haupt, Angestellte]. Hier scheinen, für die Unterscheidung von ouvriers und employés, andere Kriterien als in Deutschland gegolten zu haben. U. a. waren die Qualifikation und die Teilhabe von Angestellten bzw. Arbeitern an Autoritätsfunktionen offenbar wichtiger als die Kragenlinie. Ferner war das Verbandswesen durch den Unterschied zwischen katholischen und nichtkonfessionellen Organisationen geprägt, der öffentliche Bereich spielte eine andere Rolle als in Deutschland, die bürokratischen Traditionen waren anders, das Tempo der Industrialisierung war geringer, die Bedrohung des Status durch die Arbeiter wurde schwächer empfunden und war offenbar tatsächlich geringer: alle diese Faktoren scheinen der Neigung zu rechtsgerichtetem Protest entgegengewirkt und die unteren Angestellten eher zum Potential der Linken gemacht zu haben [253: Kocka, Faschismus, 324–329].

Muster und Ziele des Vergleichs

Eine Reihe von Paradigmata der Interpretation scheint für internationale Vergleiche besonders geeignet zu sein. Dazu gehört der „Professionalisierungsansatz". So arbeitete Manfred Späth bei einem Vergleich von Ausbildung, gesellschaftlicher Geltung und Bürgerlichkeit der Ingenieure in Frankreich, Deutschland und Rußland heraus, daß in Frankreich einem kleinen Kreis von Ingenieuren die Integration ins Bürgertum am weitesten gelang. In Deutschland hingegen wurden die Ingenieure, deren Zahl im Gefolge der stürmischen Industrialisierung stark wuchs, „eher zu einer typischen Verkörperung des Industrie-Angestellten". Sie beschritten allerdings, unterstützt von den ständischen Berufsvereinen, ebenfalls den Weg der Verbürgerlichung [266: Ingenieur, 102].

In der Nachkriegszeit scheinen die Angestellten in Deutschland denjenigen in den anderen westlichen Industrieländern ähnlicher geworden zu sein. Die Neigung zu rechtsgerichteter Standespolitik schwand in der Bundesrepublik [42: KOCKA: Die Angestellten, 226 ff.]. Für die Forschung ist der Vergleich der Angestellten zumindest in den Industrieländern West- und Mitteleuropas mit Hilfe theoretischer Konzepte und tauglicher Kriterien ein schwieriges, doch lohnendes Unterfangen, um die Erklärungskraft einzelner Faktoren für die Prägung und den Wandel der deutschen Angestellten zu bestimmen.

III. Quellen und Literatur

Die im Literaturverzeichnis verwendeten Abkürzungen entsprechen den Siglen der Historischen Zeitschrift. Die übrigen Abkürzungen siehe am Ende des Bandes (S. 139f.).

A. Archive

Deutsche Angestellten-Gewerkschaft (DAG)

Bestand DAG-Bundesvorstand einschließlich Vorläuferorganisationen im Archiv der sozialen Demokratie, Friedrich Ebert Stiftung, Bonn.

Deutscher Gewerkschaftsbund (DGB)

DGB-Archiv im Archiv der sozialen Demokratie, Friedrich Ebert Stiftung, Bonn.

Gewerkschaft Handel, Banken und Versicherungen (HBV)

Bestand Hauptvorstand im Archiv der sozialen Demokratie, Friedrich Ebert Stiftung, Bonn.

Gewerkschaft Öffentliche Dienste, Transport und Verkehr (ÖTV)

Hauptvorstand, Archiv, Stuttgart.

Verband Weiblicher Angestellter (VWA)

Bestand 1960–1983 im Archiv für Christlich-Demokratische Politik der Konrad-Adenauer-Stiftung, Sankt Augustin (Bestand VI-031).

Neben den Verbandsakten sind auch die Nachlässe führender Gewerkschaftler/innen wichtig, z.B. von Margot Kalinke (Bestand I-026 im Archiv für Christlich-Demokratische Politik der Konrad-Adenauer-Stiftung, Sankt Augustin).

B. Gedruckte Quellen

1. AFA-Bund (Hrsg.), Angestelltenbewegung 1921–1925. Deutsche Wirtschaftsgeschichte, Sozialpolitik und Gewerkschaftsentwicklung aus bewegter Zeit. Berlin 1925.
2. Ders. (Hrsg.), Die Angestelltenbewegung 1925 bis 1928. Geschichts- und Handbuch der Wirtschafts-, Sozial- und der Gewerkschaftspolitik. Berlin 1928.
3. Ders. (Hrsg.), Die Angestelltenbewegung 1928–1931. Berlin 1931.
4. Bund der technischen Angestellten und Beamten (Hrsg.), 25 Jahre Technikergewerkschaft, 10 Jahre Butab. Festschrift zum 25jährigen Jubiläum des Bundes der technisch-industriellen Beamten (Butib) und zum 10jährigen Jubiläum des Bundes der technischen Angestellten und Beamten (Butab) im Mai 1929 [Berlin 1929].
5. Bundesversicherungsanstalt für Angestellte (Hrsg.), 50 Jahre Angestelltenversicherung. 10 Jahre Bundesversicherungsanstalt für Angestellte. Berlin (1963).
6. Deutscher Zeichner-Verband (Hrsg.), Statistische Erhebungen über die wirtschaftliche und soziale Lage der Zeichner. Berlin 1907.
7. [Deutschnationaler Handlungsgehilfen-Verband], Die wirtschaftliche Lage der deutschen Handlungsgehilfen im Jahre 1908. Bearbeitet nach statistischen Erhebungen des Deutschnationalen Handlungsgehilfen-Verbandes, vorgenommen im Jahre 1908. Hamburg 1910.
8. Deutschnationaler Handlungsgehilfen-Verband, Der Haushalt des Kaufmannsgehilfen. 300 Haushaltsrechnungen. Eine Erhebung und Untersuchung des DHV. Hamburg 1927.
9. Ders., Die Gehaltslage der Kaufmannsgehilfen. Eine Fragebogenerhebung des DHV. Hamburg 1931.
10. [Gemeinnützige Aktien-Gesellschaft für Angestellten-Heimstätten (Hrsg.)], GAGFAH 1918–1968. Eine Dokumentation. Hamburg 1968.
11. Dies. (Hrsg.), 1918–1993. 75 Jahre GAGFAH. Essen 1993.
12. Dies. (Hrsg.), 16000 Wohnungen für Angestellte. Denkschrift, hrsg. im Auftrag der GAGFAH anläßlich ihres zehnjährigen Bestehens. Berlin 1928.
13. Gewerkschaftsbund der Angestellten (Hrsg.), Die kommende Angestelltengeneration. Eine sozialstatistische Untersuchung des

Gewerkschaftsbundes der Angestellten über Herkunft, Arbeitsverhältnisse und Berufsausbildung der Lehrlinge in Angestelltenberufen. Berlin 1933.

14. DERS. (Hrsg.), Epochen der Angestellten-Bewegung 1774–1930. Bearbeitet vom GDA-Archiv. Berlin 1930.

15. DERS. (Hrsg.), Die wirtschaftliche und soziale Lage der Angestellten. Ergebnisse und Erkenntnisse aus der großen sozialen Erhebung des Gewerkschaftsbundes der Angestellten. Erweiterte Ausgabe Berlin 1931.

16. F. GLASS/D. KISCHE, Die wirtschaftlichen und sozialen Verhältnisse der berufstätigen Frauen. Erhebung 1928/29, durchgeführt von der Arbeitsgemeinschaft Deutscher Frauenberufsverbände. Berlin 1930.

17. A. GÜNTHER (Bearb.), Die deutschen Techniker, ihre Lebens-, Ausbildungs- und Arbeitsverhältnisse. Text- und Tabellenband. Im Auftrag des Deutschen Techniker-Verbandes. München/Leipzig 1912.

18. H. HENNING unter Mitarbeit von UWE SIEG und IRENE FELDMANN (Bearb.), Die Sozialpolitik in den letzten Friedensjahren des Kaiserreiches (1905–1914): Das Jahr 1910 (mit Sonderteil AVG). Darmstadt 1999.

19. R. JAECKEL (Bearb.), Statistik über die Lage der technischen Privatbeamten in Groß-Berlin. Im Auftrag des Bureaus für Sozialpolitik. Jena 1908.

20. KAISERLICHES STATISTISCHES AMT, Abteilung für Arbeiterstatistik (Bearb.), Erhebung von Wirtschaftsrechnungen minderbemittelter Familien im Deutschen Reiche. Berlin 1909.

21. H.E. KRUEGER, Die wirtschaftliche und soziale Lage der Privatangestellten. 2 Teile. Jena 1910, 1912.

22. S. MIELKE (Bearb.), Die Gewerkschaften und die Angestelltenfrage 1945–1949. Köln 1989.

23. REICHSAMT DES INNERN (Bearb.), Die wirtschaftliche Lage der Privatangestellten. Denkschrift über die im Oktober 1903 angestellten Erhebungen. Berlin 1907.

24. [REICHSVERSICHERUNGSANSTALT FÜR ANGESTELLTE (Hrsg.)], 25 Jahre Angestelltenversicherung 1913–1937. Berlin (1937).

25. O. SUHR, Die Lebenshaltung der Angestellten. Untersuchungen auf Grund statistischer Erhebungen des Allgemeinen freien Angestelltenbundes. Berlin 1928.

26. S. SUHR (Bearb.), Die weiblichen Angestellten. Arbeits- und Lebensverhältnisse. Eine Umfrage des Zentralverbandes der Angestellten. Berlin 1930.

27. Verband der weiblichen Handels- und Büroangestellten (Hrsg.), Vierzig Jahre VWA, 1889–1929. Jubiläumsschrift über vier Jahrzehnte Geschichte des Verbandes der weiblichen Handels- und Büroangestellten e.V. Berlin 1929.
28. Verband der weiblichen Angestellten (Hrsg.), Festschrift zum 75jährigen Jubiläum des VWA. O.O. (1964).
29. Verein für Socialpolitik (Hrsg.), Untersuchungen über die Lage der Angestellten und Arbeiter in den Verkehrsgewerben. Leipzig 1902.

C. Literatur

1. Überblicks- und Gesamtdarstellungen (auch einzelne Epochen und Gruppen)

30. E. Bolenz, Vom Baubeamten zum freiberuflichen Architekten. Technische Berufe im Bauwesen (Preußen/Deutschland, 1799–1931). Frankfurt a.M. etc. 1991.
31. W. Brandes/F. Buttler u.a., Der Staat als Arbeitgeber. Daten und Analysen zum öffentlichen Dienst in der Bundesrepublik. Frankfurt a.M. 1990.
32. M. Dittrich, Die Entstehung der Angestelltenschaft in Deutschland. Stuttgart/Berlin 1939.
33. W. Eberwein/J. Tholen, Managermentalität. Industrielle Unternehmensleitung als Beruf und Politik. Frankfurt a.M. 1990.
34. C. Eilrich/H. O. Hemmer (Hrsg.), Die neue Mehrheit. Bilder-Lesebuch Angestellte. Bonn 1988.
35. R. Engelsing, Die wirtschaftliche und soziale Differenzierung der deutschen kaufmännischen Angestellten im In- und Ausland 1690–1900. Zuerst 1967. Zuletzt überarbeitet in: Ders., Zur Sozialgeschichte deutscher Mittel- und Unterschichten. 2. Aufl. Göttingen 1978, 51–111.
36. E. Fehrmann/U. Metzner, Angestellte in der sozialwissenschaftlichen Diskussion. Ein Literaturbericht. Köln 1977.
37. G. Hartfiel, Angestellte und Angestelltengewerkschaften in Deutschland. Entwicklung und gegenwärtige Situation von beruflicher Tätigkeit, sozialer Stellung und Verbandswesen der Angestellten in der gewerblichen Wirtschaft. Berlin 1961.
38. M. Hartmann, Topmanager. Die Rekrutierung einer Elite. Frankfurt a.M./New York 1996.

39. G. HILLER, Die Lage der Handlungsgehülfen. Leipzig 1890.
40. H. JANBERG, Die Bankangestellten. Eine soziologische Studie. Wiesbaden 1958.
41. U. KADRITZKE, Angestellte – Die geduldigen Arbeiter. Zur Soziologie und sozialen Bewegung der Angestellten. Frankfurt a. M./ Köln 1975.
42. J. KOCKA, Die Angestellten in der deutschen Geschichte 1850–1980. Vom Privatbeamten zum angestellten Arbeitnehmer. Göttingen 1981 [Überarbeiteter Wiederabdruck von sechs 1970–1978 erschienenen Aufsätzen des Vfs. Sie werden hier in der Fassung des Sammelbandes zitiert].
43. M. KÖNIG, Die Angestellten unterwegs. Vom Berufsstand zur modernen Gewerkschaft 1890 bis 1990. Köln 1991.
44. S. KRACAUER, Die Angestellten. Aus dem neuesten Deutschland. 2. Aufl. Frankfurt a. M. 1974 [zuerst 1929 in der Frankfurter Zeitung erschienen, dann als Monographie Frankfurt a. M. 1930, Allensbach 1959 und Frankfurt a.M. 1970].
45. W. LAATZ, Ingenieure in der Bundesrepublik Deutschland. Gesellschaftliche Lage und politisches Bewußtsein. Frankfurt a.M./New York 1979.
46. E. LEDERER, Die Privatangestellten in der modernen Wirtschaftsentwicklung. Tübingen 1912.
47. K.-H. LUDWIG, Technik und Ingenieure im Dritten Reich. Düsseldorf 1974. Unveränd. Nachdruck Königstein/Ts. 1979.
48. P. LUNDGREEN, Techniker in Preußen während der frühen Industrialisierung. Ausbildung und Berufsfeld einer entstehenden sozialen Gruppe. Berlin 1975.
49. DERS./A. GRELON (Hrsg.), Ingenieure in Deutschland, 1770–1990. Frankfurt a.M./New York 1994.
50. M. PRINZ, „Ein Bilderbuchverhalten an Mäßigung"? – Kritische Fragen zu den Angestellten in Weimar, in: Tel Aviver Jahrbuch für deutsche Geschichte 17, 1988, 83–106.
51. E. C. RASSBACH, Betrachtungen zur wirtschaftlichen Lage der technischen Privatangestellten in Deutschland. Karlsruhe 1916.
52. M. RÖSSIGER, Der Angestellte von 1930. Gegenwartsbetrachtungen. Berlin 1930.
53. L. U. SCHOLL, Ingenieure in der Frühindustrialisierung. Staatliche und private Techniker im Königreich Hannover und an der Ruhr (1815–1873). Göttingen 1978.
54. G. SCHULZ, Die industriellen Angestellten. Zum Wandel einer sozialen Gruppe im Industrialisierungsprozeß, in: H. POHL (Hrsg.),

Sozialgeschichtliche Probleme in der Zeit der Hochindustrialisierung (1870–1914). Paderborn etc. 1979, 217–266.

55. H. SPROLL, Die sozio-ökonomische und sozio-kulturelle Struktur von häuslichen Dienstboten und Hausangestellten in Baden im 19. und 20. Jahrhundert. Die Organisation von Interessen dieser Gruppen in katholischen Verbänden und die institutionalisierte kirchliche Fürsorge an ihnen. Frankfurt a.M. 1977.
56. H. TITZE, Der Akademikerzyklus. Historische Untersuchungen über die Wiederkehr von Überfüllung und Mangel in akademischen Karrieren. Göttingen 1990.
57. H. TRISCHLER, Steiger im deutschen Bergbau. Zur Sozialgeschichte der technischen Angestellten 1815–1945. München 1988.
58. F. WELTZ, Vorgesetzte zwischen Management und Arbeitern. Eine industriesoziologische Untersuchung der Situation und Vorstellungen von Meistern und Steigern. Stuttgart 1964.
59. E. WITTE/R. BRONNER, Die Leitenden Angestellten. Eine empirische Untersuchung. München 1974.

2. *Begriff und gesellschaftliche Schichtung*

60. G. ADLER, Die Sozialreform und der Kaufmannsstand, in: Annalen des Deutschen Reichs für Gesetzgebung, Verwaltung und Statistik 1891, 1–60.
61. H. BAYER (Hrsg.), Der Angestellte zwischen Arbeiterschaft und Management. Berlin 1961.
62. H. BÖTTGER, Vom alten und neuen Mittelstand. O.O. (ca. 1905).
63. H. BRAUN, Helmut Schelskys Konzept der „nivellierten Mittelstandsgesellschaft“ und die Bundesrepublik der 50er Jahre, in: AfS 29, 1989, 199–223.
64. S. BRAUN, Zur Soziologie der Angestellten. Frankfurt a.M. 1964.
65. C. BÜCHER, Die Arbeiterfrage im Kaufmannsstande. Berlin 1883.
66. F. CRONER, Die Angestellten in der modernen Gesellschaft. Eine sozialhistorische und soziologische Studie. Frankfurt a.M./Wien 1954.
67. DERS., Soziologie der Angestellten. Köln/Berlin 1962.
68. R. DAHRENDORF, Soziale Klassen und Klassenkonflikt in der industriellen Gesellschaft. Stuttgart 1957.
69. TH. GEIGER, Die Klassengesellschaft im Schmelztiegel. Köln/Hagen 1949.
70. DERS., Panik im Mittelstand, in: Die Arbeit 7, 1930, 637–654.

71. DERS., Die soziale Schichtung des deutschen Volkes. Soziographischer Versuch auf statistischer Grundlage. Stuttgart 1932. Unveränderte Nachdrucke Stuttgart 1967 und Darmstadt 1972.
72. GESELLSCHAFT FÜR SOZIALEN FORTSCHRITT E.V., Zur Neuabgrenzung der Begriffe Angestellter und Arbeiter. Ein Ausschußbericht [Nikisch-Bericht]. Berlin 1959.
73. H. HAMM, Die wirtschaftlichen und sozialen Berufsmerkmale der kaufmännischen Angestellten (im Vergleich mit denjenigen der Arbeiter). Wirtschaftswiss. Diss. Jena. Borna/Leipzig 1931.
74. K. H. HÖRNING, Angestellte Mittelschichten und Prozesse sozialer Schließung, in: DERS. (Hrsg.), Soziale Ungleichheit. Strukturen und Prozesse sozialer Schichtung. Darmstadt/Neuwied 1976, 152–163.
75. U. JAEGGI/H. WIEDEMANN, Der Angestellte in der Industriegesellschaft. Stuttgart etc. 1966.
76. G. KLEINING, Struktur- und Prestigemobilität in der Bundesrepublik Deutschland, in: KZSS 23, 1971, 1–33.
77. E. LEDERER/J. MARSCHAK, Der neue Mittelstand, in: Grundriß der Sozialökonomik. IX. Abtlg. I. Teil. Tübingen 1926, 120–141.
78. J. MOOSER, Arbeiter, Angestellte und Frauen in der „nivellierten Mittelstandsgesellschaft". Thesen, in: A. SCHILDT/A. SYWOTTEK (Hrsg.), Modernisierung im Wiederaufbau. Die westdeutsche Gesellschaft der 50er Jahre. Bonn 1993, 362–376.
79. L. NEUNDÖRFER, Die Angestellten. Neuer Versuch einer Standortbestimmung. Stuttgart 1961.
80. T. PIERENKEMPER, Zum Begriff der Angestellten. Einige Überlegungen zu einer bedeutsamen Kategorie sozialhistorischer Forschung in Deutschland, in: Scripta Mercaturae 20, 1986, 77–92.
81. M. PRINZ, Der unerwünschte Stand. Lage und Status der Angestellten im „Dritten Reich", in: HZ 242, 1986, 327–359.
82. DERS., Vom neuen Mittelstand zum Volksgenossen. Die Entwicklung des sozialen Status der Angestellten von der Weimarer Republik bis zum Ende der NS-Zeit. München 1986.
83. PROJEKT KLASSENANALYSE. Materialien zur Klassenstruktur der BRD. 1. Teil: Theoretische Grundlagen und Kritiken; 2. Teil: Grundriß der Klassenverhältnisse (1950–1970). Berlin 1973/74.
84. F. ROTHENBACHER, Soziale Ungleichheit im Modernisierungsprozeß des 19. und 20. Jahrhunderts. Frankfurt a.M./New York 1989.
85. H. SCHELSKY, Die Bedeutung des Klassenbegriffs für die Analyse unserer Gesellschaft (zuerst 1961), in: DERS., Auf der Suche nach Wirklichkeit. Düsseldorf/Köln 1965, 352–388.

86. G. SCHMOLLER, Was verstehen wir unter dem Mittelstande? Hat er im 19. Jahrhundert zu- oder abgenommen?, in: Die Verhandlungen des Achten Evangelisch-sozialen Kongresses, abgehalten zu Leipzig am 10. und 11. Juni 1897. Göttingen 1897, 132–161.
87. R. SCHÜREN, Soziale Mobilität. Muster, Veränderungen und Bedingungen im 19. und 20. Jahrhundert. St. Katharinen 1989.
88. W. H. SCHUSSER, Ein empirischer Beitrag zur Diskussion um die Abgrenzung von Arbeitern und Angestellen. Diss. rer. pol. Erlangen-Nürnberg (Dissdruck) 1970.
89. J. SILBERMANN, Die Angestellten als Stand. Hrsg. vom Verband der weiblichen Handels- und Büroangestellten. Berlin 1932.
90. H. SPEIER, Die Angestellten vor dem Nationalsozialismus. Ein Beitrag zum Verständnis der deutschen Sozialstruktur 1918–1933. Göttingen 1977.
91. W. STAHL, Der Elitekreislauf in der Unternehmerschaft. Eine empirische Untersuchung für den deutschsprachigen Raum. Frankfurt a.M./Zürich 1973.
92. H. STEINER, Soziale Strukturveränderungen im modernen Kapitalismus. Zur Klassenanalyse der Angestellten in Westdeutschland. Berlin/Ost 1967.
93. E. STRÄTER, Die soziale Stellung der Angestellten. Rechts- und Staatswiss. Diss. Bonn. Bonn 1933.
94. J. WERNICKE, Kapitalismus und Mittelstandspolitik. 1. Aufl. Jena 1907, 2. umgearb. Aufl. Jena 1922.

3. Die weiblichen Angestellten

95. C. E. ADAMS, Women Clerks in Wilhelmine Germany. Issues of Class and Gender. Cambridge etc. 1988.
96. M. BLUM, Neuzeitliche Arbeitsteilung zwischen Mann und Frau in Handel und Industrie. Wirtschafts- und Sozialwiss. Diss. Köln. Köln 1932.
97. U. FREVERT, Frauen-Geschichte. Zwischen Bürgerlicher Verbesserung und Neuer Weiblichkeit. Frankfurt a. M. 1986.
98. DIES., Vom Klavier zur Schreibmaschine – Weiblicher Arbeitsmarkt und Rollenzuweisungen am Beispiel der weiblichen Angestellten in der Weimarer Republik, in: A. KUHN/G. SCHNEIDER (Hrsg.), Frauen in der Geschichte. Frauenrechte und die gesellschaftliche Arbeit der Frauen im Wandel. Fachwissenschaftliche und fachdidaktische Studien zur Geschichte der Frauen. Düsseldorf 1979, 82–112.

99. DIES., Traditionale Weiblichkeit und moderne Interessenorganisation: Frauen im Angestelltenberuf 1918–1933, in: GG 7, 1981, 507–533.
100. M. GADESMANN, Die Frau als kaufmännische Angestellte. Berlin 1910/11.
101. A. GEYER, Die Frauenerwerbsarbeit in Deutschland. Jena 1924.
102. H. GREFEN, Die Frauenfrage im Handelsgewerbe. Essen 1913.
103. I. HARDACH-PINKE, Die Gouvernante. Geschichte eines Frauenberufs. Frankfurt a.M./New York 1993.
104. I. HAUG, Die Berufstätigkeit der Frau im Einzelhandel. Stuttgart 1935.
105. S. HERZ, Zur Typologie der kaufmännischen weiblichen Angestellten. Phil. Diss. Berlin. Berlin 1931.
106. L. HILBERATH, Beruf und Lebensschicksal der Verkäuferin im Lebensmittelhandel. Köln 1934.
107. M. HÖRBRAND, Die weibliche Handels- und Bureauangestellte. Neu-Finkenkrug bei Berlin 1926.
108. U. HOFFMANN, Sind „die Damen in der Bank auf dem Vormarsch"? Frauenarbeit in der Bank seit 1950, in: 193: TATSCHMURAT (Hrsg.), Gegenwart, 51–82.
109. B. KERCHNER, Beruf und Geschlecht. Frauenberufsverbände in Deutschland 1848–1908. Göttingen 1992.
110. I. KISKER, Die Frauenarbeit in den Kontoren einer Großstadt. Eine Studie über die Leipziger Kontoristinnen. Tübingen 1911.
111. H. KRAMER, Veränderungen der Frauenrolle in der Weimarer Republik, in: SOZIALWISSENSCHAFTLICHE FORSCHUNG UND PRAXIS FÜR FRAUEN E.V. (Hrsg.), Frauengeschichte. München 1981, 17–25.
112. DIES., Weibliche Büroangestellte während der Weltwirtschaftskrise, in: DIES./C. ECKART/I. RIEMANN/K. WALSER, Grenzen der Frauenlohnarbeit. Frauenstrategien in Lohn- und Hausarbeit seit der Jahrhundertwende. Frankfurt a.M./New York 1986, 127–180.
113. E. LEMBECK, Frauenarbeit bei Vater Staat. Weibliche Behördenangestellte in der Weimarer Republik. Pfaffenweiler 1993.
114. K. LÖVINSON, Frauenarbeit in Bankbetrieben. Staatswiss. Diss. Würzburg. Berlin 1926.
115. E. LORENTZ, Aufbruch oder Rückschritt? Arbeit, Alltag und Organisation weiblicher Angestellter in der Kaiserzeit und Weimarer Republik. Bielefeld 1988.
116. DIES., Büro 1880–1930. Frauenarbeit und Rationalisierung. Frankfurt a.M. 1984.

117. K. Lüsebrink, Büro via Fabrik. Entstehung und Allokationsprinzipien weiblicher Büroarbeit 1850 bis 1933. Berlin 1993.
118. J. Meyer/J. Silbermann, Die Frau im Handel und Gewerbe. Berlin 1895.
119. C. Mleinek, Die Frau im Handelsgewerbe. Leipzig 1921.
120. W. Müller/A. Willms/J. Handl, Strukturwandel der Frauenarbeit 1880–1980. Frankfurt a.M./New York 1983.
121. U. Nienhaus, Berufsstand weiblich. Die ersten weiblichen Angestellten. Berlin 1982.
122. Dies., Von Töchtern und Schwestern. Zur vergessenen Geschichte der weiblichen Angestellten im deutschen Kaiserreich, in: 252: Kocka (Hrsg.), Vergleich, 309–330.
123. Dies., Vater Staat und seine Gehilfinnen. Die Politik mit der Frauenarbeit bei der deutschen Post (1864–1945). Frankfurt a.M./New York 1995.
124. K. Orth, „Nur weiblichen Besuch“. Dienstbotinnen in Berlin 1890–1914. Frankfurt a.M./New York 1993.
125. K. Pauleweit, Dienstmädchen um die Jahrhundertwende im Selbstbildnis und im Spiegel der zeitgenössischen Literatur. Frankfurt a.M. etc. 1993.
126. S. Rouette, Sozialpolitik als Geschlechterpolitik. Die Regulierung der Frauenarbeit nach dem Ersten Weltkrieg. Frankfurt a.M./New York 1993.
127. A. Salomon, Die Ursachen der ungleichen Entlohnung von Männer- und Frauenarbeit. Leipzig 1906.
128. A. Schmidt-Beil (Hrsg.), Die Kultur der Frau. Eine Lebenssymphonie der Frau des XX. Jahrhunderts. Berlin 1931.
129. G. Schulz, Die weiblichen Angestellten vom 19. Jahrhundert bis 1945, in: H. Pohl (Hrsg.), Die Frau in der deutschen Wirtschaft. Stuttgart 1985, 179–226.
130. Ders., Soziale Sicherung von Frauen und Familien, in: H. G. Hockerts (Hrsg.), Drei Wege deutscher Sozialstaatlichkeit. NS-Diktatur, Bundesrepublik und DDR im Vergleich. München 1998, 117–149.
131. S. Segelken, Stenographie und Schreibmaschine. Wirtschaftliche und gesellschaftliche Bestimmungsmomente traditioneller Arbeitstechniken unter besonderer Berücksichtigung ihres Einflusses auf die Arbeit der weiblichen Angestellten. Bad Salzdetfurth 1991.
132. S. M. Tarrasch, Die weiblichen Angestellten. Das Problem ihrer Organisation. Phil. Diss. Heidelberg. Köln 1931.

133. K. WALSER, Dienstmädchen um 1900, in: 112: KRAMER U.A., Grenzen, 51–98.
134. D. WIERLING, Mädchen für alles. Arbeitsalltag und Lebensgeschichte städtischer Dienstmädchen um die Jahrhundertwende. Berlin/Bonn 1987.
135. R. WIGGERSHAUS, Geschichte der Frauen und der Frauenbewegung in der Bundesrepublik Deutschland und der Deutschen Demokratischen Republik nach 1945. Wuppertal 1979.
136. A. WILLMS, Die Entwicklung der Frauenerwerbstätigkeit im Deutschen Reich. Eine historisch-soziologische Studie. Nürnberg 1980.
137. A. WILLMS-HERGET, Frauenarbeit. Zur Integration der Frauen in den Arbeitsmarkt. Frankfurt a.M. 1985.
138. D. WINKLER, Frauenarbeit im „Dritten Reich". Hamburg 1977.
139. DIES., Frauenarbeit versus Frauenideologie. Probleme der weiblichen Erwerbstätigkeit in Deutschland 1930–1945, in: AfS XVII, 1977, 99–126.
140. G. WYSOCKI, Der Aufbruch der Frauen: verordnete Träume, Bubikopf und „sachliches Leben". Ein aktueller Streifzug durch SCHERL's Magazin, Jahrgang 1925, Berlin, in: D. PROKOP (Hrsg.), Massenkommunikationsforschung 3: Produktionsanalysen. Frankfurt a.M. 1977, 295–305.

4. Arbeits- und Sozialrecht

141. B. BICHLER, Die Formierung der Angestelltenbewegung im Kaiserreich und die Entstehung des Angestelltenversicherungsgesetzes von 1911. Frankfurt a.M etc. 1997.
142. W. DREHER, Die Entstehung der Arbeiterwitwenversicherung in Deutschland nach z.T. unveröffentlichten Quellen. Berlin 1978.
143. E. FUCHSBAUER, Die Angestelltenversicherung im deutschen Bank-Gewerbe. Staatswiss. Diss. Erlangen. Nürnberg-Zirndorf 1929.
144. GESELLSCHAFT FÜR SOZIALE REFORM (Hrsg.), Der Dienstvertrag der Privat-Angestellten. Band I und II. Jena 1908.
145. DIES. (Hrsg.), Die Privatbeamten und die Versicherungsgesetzgebung. Jena 1908.
146. DIES. (Hrsg.), Das Recht der Privatbeamten und die Pensionsversicherung der Privatbeamten. Jena 1909.
147. W. HROMADKA (Hrsg.), Gleichstellung von Arbeitern und Angestellten. Heidelberg 1989.

148. R. KOLB, Die Auswirkungen der Gleichstellung auf Rentenversicherung und Rentenversicherungsträger, in: 147: HROMADKA (Hrsg.), Gleichstellung, 121–139.

149. E. LEDERER, Die Pensionsversicherung der Privatangestellten. Staatswirtschaftl. Diss. München. Tübingen 1911.

150. F. J. OLDIGES, Auswirkungen der Gleichstellung auf Krankenversicherung und Krankenversicherungsträger, in: 147: HROMADKA (Hrsg.), Gleichstellung, 141–157.

151. H. POTTHOFF, Die staatliche Pensions- und Hinterbliebenenversicherung der Privatangestellten. Leipzig 1908.

152. M. PRINZ, Die Arbeiterbewegung und das Modell der Angestelltenversicherung. Zu einigen Bedingungen für die besondere Bürgerlichkeit des Wohlfahrtsstaates in der Bundesrepublik, in: K. TENFELDE (Hrsg.): Arbeiter im 20. Jahrhundert. Stuttgart 1991, 435–460.

153. J. REIF, Die Konkurrenzklausel im Dienstvertrage, in: 144: GESELLSCHAFT FÜR SOZIALE REFORM (Hrsg.), Dienstvertrag, 131–175.

154. H. STIER, Privatbeamtenbewegung und Privatbeamtenversicherung in Deutschland. Mannheim 1911.

155. P. ZEINE, Die staatliche Pensions- und Hinterbliebenen-Versicherung der Privatangestellten. Jena 1910.

5. *Arbeitsverhältnisse (auch in einzelnen Unternehmen und Branchen)*

156. P. ADLER, Die Lage der Handlungsgehilfen gemäß den Erhebungen der Kommission für Arbeiterstatistik. Staatswiss. Diss. München. Stuttgart 1900.

157. M. VON AUFSCHNAITER, Die Wandlungen im Status des Industriemeisters. Staatswiss. Diss. Freiburg. Freiburg 1968.

158. M. BAETHGE/H. OBERBECK, Zukunft der Angestellten. Neue Technologien und berufliche Perspektiven in Büro und Verwaltung. Frankfurt a.M./New York 1986.

159. H. P. BAHRDT, Industriebürokratie. Versuch einer Soziologie des industrialisierten Bürobetriebes und seiner Angestellten. Stuttgart 1958.

160. R. BENDIX, Herrschaft und Industriearbeit. Untersuchungen über Liberalismus und Autokratie in der Geschichte der Industrialisierung. [Zuerst New York 1956] Frankfurt a.M. 1960.

161. W. BONGARTZ, Großindustrie und Berufsqualifikation des mittleren technischen Personals. Das Beispiel „Gutehoffnungshütte" (1882–1914), in: ZUntG 24, 1979, 29–63.

162. C. CONRAD, Erfolgsbeteiligung und Vermögensbildung der Arbeitnehmer bei Siemens (1847–1945). Stuttgart 1986.

163. R. CZWALINA, Die wirtschaftliche und soziale Lage der technischen Privatangestellten in der deutschen Elektroindustrie. Berlin 1914.

164. Y. DIETRICH, Die Mannesmannröhren-Werke 1888 bis 1920. Organisation und Unternehmensführung unter der Gründerfamilie, Bankiers und Managern. Stuttgart 1991.

165. R. UND D. DRÖLL, Karrieren. Welche Faktoren bestimmen den Berufsweg? 10000 Lebensläufe auf dem Prüfstand. Frankfurt a.M. 1974.

166. R. EHRENBERG, Die Arbeitszeit der Kontore, in: Thünen-Archiv. Organ für exakte Wirtschaftsforschung. Band 1. Jena 1906, 454–520.

167. H.-J. FRITZ, Menschen in Büroarbeitsräumen. Über langfristige Strukturwandlungen büroräumlicher Arbeitsbedingungen mit einem Vergleich von Klein- und Großraumbüros. München 1982.

168. E. GARTMAYR, Angestellte und Arbeiter der deutschen chemischen Industrie. Staatswirt. Diss. München. Kallmünz 1930.

169. L. H. A. GECK, Die sozialen Arbeitsverhältnisse im Wandel der Zeit. Eine geschichtliche Einführung in die Betriebssoziologie. Berlin 1931. Neudruck Darmstadt 1977.

170. H.-J. GERHARD, Diensteinkommen der Göttinger Officianten 1750–1850. Göttingen 1978.

171. L. HEYDE, Urlaub für Arbeiter und Angestellte in Deutschland. München 1912.

172. R. HILDEBRANDT, Diener und Herren. Eine historisch-statistische Untersuchung zur Entstehung der kaufmännischen Angestelltenschaft am Beispiel des Personals der großen oberdeutschen Handelshäuser 1450–1650. (Masch. Habilschrift) Berlin 1972.

173. U. JAEGGI/H. WIEDEMANN, Der Angestellte im automatisierten Büro. Betriebssoziologische Untersuchung über die Auswirkungen elektronischer Datenverarbeitung auf die Angestellten und ihre Funktionen. Stuttgart 1963.

174. J. KOCKA, Industrielles Management: Konzeptionen und Modelle in Deutschland vor 1914, in: VSWG 56, 1969, 332–372.

175. DERS., Unternehmensverwaltung und Angestelltenschaft am Beispiel Siemens 1847–1914. Zum Verhältnis von Kapitalismus und Bürokratie in der deutschen Industrialisierung. Stuttgart 1969.

176. P. LANGE, Die praktische und theoretische Ausbildung der Handlungsgehilfen. Hamburg 1910.

177. M.R. LEPSIUS, Die soziale Stellung des Meisters im Industriebetrieb. Ergebnisse einer Befragung von Industriemeistern. München 1954.
178. O. NEULOH, Die Weiße Automation – Die Zukunft der Angestelltenschaft. Köln 1966.
179. K. OLDENBERG, Die heutige Lage der Commis nach neuerer Litteratur, in: Jahrbuch für Gesetzgebung, Verwaltung und Volkswirtschaft im Deutschen Reich 16. Leipzig 1892, 749–812.
180. T. PIERENKEMPER, Allokationsbedingungen im Arbeitsmarkt. Das Beispiel des Arbeitsmarktes für Angestelltenberufe im Kaiserreich, 1880–1913. Opladen 1982.
181. DERS., Arbeitsmarkt und Angestellte im Deutschen Kaiserreich 1880–1913. Interessen und Strategien als Element der Integration eines segmentierten Arbeitsmarktes. Stuttgart 1987.
182. TH. PIRKER, Büro und Maschine. Zur Geschichte und Soziologie der Mechanisierung der Büroarbeit, der Maschinisierung des Büros und der Büroautomation. Basel/Tübingen 1962.
183. F. G. RUDL, Die Angestellten im Bankgewerbe 1870 bis 1933. Eine sozialstatistische Untersuchung. Wirtschaftswiss. Diss. Mannheim (Dissdruck) 1975.
184. H.-J. RUPIEPER, Arbeiter und Angestellte im Zeitalter der Industrialisierung. Eine sozialgeschichtliche Studie am Beispiel der Maschinenfabriken Augsburg und Nürnberg (M.A.N.) 1837–1914. Frankfurt a.M./New York 1982.
185. H. SCHNAAS, Der Arbeitsmarkt der Angestellten und die Arbeitsmarktpolitik der Angestellten-Organisationen unter besonderer Berücksichtigung der Nachkriegszeit. Staatswiss. Diss. Münster. Münster 1929.
186. H. SCHOMERUS, Die Arbeiter der Maschinenfabrik Esslingen. Forschungen zur Lage der Arbeiterschaft im 19. Jahrhundert. Stuttgart 1977.
187. G. SCHREYÖGG/H. STEINMANN/B. ZAUNER, Arbeitshumanisierung für Angestellte. Job-Enrichment im Verwaltungs- und Dienstleistungsbereich. Stuttgart etc. 1978.
188. G. SCHULZ, Die Arbeiter und Angestellten bei Felten & Guilleaume. Sozialgeschichtliche Untersuchung eines Kölner Industrieunternehmens im 19. und beginnenden 20. Jahrhundert. Wiesbaden 1979.
189. DERS., Betriebliche Sozialpolitik in Deutschland seit 1850, in: H. POHL (Hrsg.), Staatliche, städtische, betriebliche und kirchliche Sozialpolitik vom Mittelalter bis zur Gegenwart. Stuttgart 1991, 137–176.

190. O. STAMMER (Hrsg.), Angestellte und Arbeiter in der Betriebspyramide. Eine empirisch-soziologische Studie über die Verteilung der Arbeitsplätze von Angestellten und Arbeitern, ihre Personaldaten und Arbeitsverdienste in Betrieben der gewerblichen Wirtschaft. Berlin (1959).

191. DERS. (Hrsg.), Beamte und Angestellte in der Verwaltungspyramide. Organisationssoziologische und verwaltungsrechtliche Untersuchungen über das Entscheidungshandeln in der Kommunalverwaltung. Berlin 1964.

192. N. STEINEBACH, Die Gehaltsstruktur der Angestellten in der Bundesrepublik Deutschland. Berlin 1973.

193. C. TATSCHMURAT (Hrsg.), Zur Gegenwart der Bankangestellten. München 1987.

6. Angestelltenbewegung, Verbände, politische Orientierung, Wahlen

194. A. BAUMSTEIGER, Die Bankbeamtenbewegung in Deutschland. Staatswiss. Diss. Tübingen. Nürnberg 1911.

195. C. DREYFUSS, Beruf und Ideologie der Angestellten. München/Leipzig 1933.

196. J. W. FALTER, Hitlers Wähler. München 1991.

197. E. FEHRMANN/U. METZNER, Angestellte und Gewerkschaften. Ein historischer Abriß. Köln 1981.

198. F. W. FISCHER, Die Angestellten, ihre Bewegung und ihre Ideologien. Staatswiss. Diss. Heidelberg. Wertheim a.M. 1932.

199. E. FROMM, Arbeiter und Angestellte am Vorabend des Dritten Reiches. Eine sozialpsychologische Untersuchung (German workers 1929. A survey, its methods and results, deutsch). Bearb. und hrsg. von W. Bonß. Stuttgart 1980.

200. G. HALBERSTADT, Die Angestellten und ihre Gewerkschaft. Stationen einer bewegten Geschichte. Freiburg i.Br. 1991.

201. I. HAMEL, Völkischer Verband und nationale Gewerkschaft. Die Politik des Deutschnationalen Handlungsgehilfen-Verbandes 1893–1933. Phil. Diss. Hamburg. Hamburg 1966.

202. R. HAMILTON, Die soziale Basis des Nationalsozialismus. Eine kritische Betrachtung, in: 252: KOCKA (Hrsg.), Vergleich, 354–375.

203. A. HEINRICHSBAUER, Die Privatangestellten der Großbetriebe und ihre Organisation. Im Auftrag des Vereins der Kruppschen Beamten. Essen 1918.

204. R. JOBST, Die Deutsche Angestelltenbewegung in ihrer grundsätzlichen Stellung zum Kapitalismus und Klassenkampf. Wirtschaftswiss. Diss. Jena. Jena 1930.

205. H. JOHR, Die Standesbewegung der Bankbeamten (unter besonderer Berücksichtigung seit Ausbruch des Krieges). Staatswiss. Diss. Würzburg. Würzburg 1919.

206. W. KULEMANN, Die Berufsvereine. Erste Abteilung: Geschichtliche Entwicklung der Berufsorganisationen der Arbeitnehmer und Arbeitgeber aller Länder. Erster Band. 2. Aufl. Jena 1908.

207. DERS., Die Gewerkschaftsbewegung. Darstellung der gewerkschaftlichen Organisation der Arbeiter und der Arbeitgeber aller Länder. Jena 1900.

208. A. KUNZ, Stand versus Klasse. Beamtenschaft und Gewerkschaften im Konflikt um den Personalabbau 1923/24, in: GG 8, 1982, 55–86.

209. P. LANGE, Angestellte und Arbeiter im Wirtschaftsleben. Berlin 1912.

210. DERS., Die soziale Bewegung der kaufmännischen Angestellten. Berlin 1920.

211. K.-H. LUDWIG (Hrsg., unter Mitwirkung von W. KÖNIG), Technik, Ingenieure und Gesellschaft. Geschichte des Vereins Deutscher Ingenieure 1856–1981. Düsseldorf 1981.

212. W. MERTENS, Zur Bewegung der technischen Privatbeamten. Phil. Diss. Heidelberg. Tübingen 1907.

213. R. MÜLLER, Die Verbände der leitenden Angestellten in der Bundesrepublik Deutschland. Entwicklung – Aufbau – Aufgaben. Wirtschafts- und Sozialwiss. Diss. Köln (Dissdruck) 1966.

214. S. A. PRATT, The Social Basis of Nazism and Communism in Urban Germany. A Correlation Study of the July 31, 1932, Reichstag Election in Germany. M.A. Thesis, Michigan State College of Agriculture and Applied Science. Dept. of Sociology and Anthropology 1948.

215. H.-J. PRIAMUS, Angestellte und Demokratie. Die nationalliberale Angestelltenbewegung in der Weimarer Republik. Stuttgart 1979.

216. M. PRINZ, Das Ende der Standespolitik. Voraussetzungen, Formen und Konsequenzen mittelständischer Interessenpolitik in der Weimarer Republik am Beispiel des Deutschnationalen Handlungsgehilfenverbandes, in: 252: KOCKA, Vergleich, 331–353.

217. DERS., Wandel durch Beharrung. Sozialdemokratie und „neue Mittelschichten" in historischer Perspektive, in: AfS XXIX, 1989, 35–73.

218. U. SCHUMM-GARLING (Hrsg.), Angestellte und Gewerkschaften. Neue Trends und neue Antworten. 2. Aufl. Köln 1991.
219. H. SCHUON, Der Deutschnationale Handlungsgehilfen-Verband zu Hamburg. Sein Werdegang und seine Arbeit. Jena 1914.
220. K. STEHR, Der Zentralverband der Angestellten. Sein Werdegang, seine Gestalt und sein Charakter. Staatswiss. Diss. Halle-Wittenberg. Berlin 1926.
221. W. STILLER, Der Verein für Handlungs-Commis von 1858. Kaufmännischer Verein in Hamburg. Seine Geschichte und seine Tätigkeit auf dem Gebiete kaufmännischer Standesfragen. Ein Beitrag zur Geschichte der Privatbeamtenbewegung. Jena 1910.
222. R. WOLDT, Das großindustrielle Beamtentum. Eine gewerkschaftliche Studie. Stuttgart 1911.

7. Alltag (Familie, Haushalt, Wohnen, Kultur etc.)

223. S. BECKER/C. WEISS (Hrsg.), Neue Sachlichkeit im Roman. Neue Interpretationen zum Roman der Weimarer Republik. Stuttgart 1995.
224. G.-F. BUDDE, Frischluft, Nannies und Matrosenkleider. Englische Einflüsse auf deutsche Erziehung in Bürgerfamilien des 19. Jahrhunderts, in: Westfälische Forschungen 44, 1994, 310–328.
225. S. J. COYNER, Class Consciousness and Consumption: The New Middle Class during the Weimar Republik, in: Journal of Social History 10, 1977, 310–331.
226. DIES., Class Patterns of Family Income and Expenditure During the Weimar Republic: German White-Collar Employees as Harbingers of Modern Society. Phil. Diss. New Brunswick/New Jersey 1975.
227. W. DEICH, Der Angestellte im Roman. Zur Sozialgeschichte des Handlungsgehilfen um 1900. Köln/Berlin 1974.
228. C. EISENBERG, Vom „Arbeiter-" zum „Angestelltenfußball"? Zur Sozialstruktur des deutschen Fußballsports 1890–1950, in: Sozial- und Zeitgeschichte des Sports 4, 1990, 20–45.
229. H. FALLADA, Kleiner Mann, was nun? O.O. 1932; zuletzt Berlin 1995.
230. D. KARRER, Die Last des Unterschieds. Biographie, Lebensführung und Habitus von Arbeitern und Angestellten im Vergleich. Opladen 1998.
231. I. KEUN, Gilgi, eine von uns. Düsseldorf 1993 (zuerst Berlin 1931).

232. B. Lauterbach, Angestelltenkultur. „Beamten"-Vereine in deutschen Industrieunternehmen vor 1933. Münster 1998.
233. Ders. (Hrsg.), Großstadtmenschen. Die Welt der Angestellten. Frankfurt a.M. 1995.
234. Ders., „The New Majority". Scholarly Folklore Studies on German White-Collar Culture, in: Studies in Cultures, Organisations and Societies 3, 1997, 211–228.
235. V. Link, Vorzimmer. Reinbek bei Hamburg 1979.
236. A. Meyer, Die Verlagsfusion Langen-Müller. Zur Buchmarkt- und Kulturpolitik des Deutschnationalen Handlungsgehilfen-Verbandes (DHV) in der Endphase der Weimarer Republik, in: Archiv für Geschichte des Buchwesens 32, 1989, 1–271.
237. A. Oeckl, Die deutsche Angestelltenschaft und ihre Wohnungsverhältnisse. Eine sozialpolitische Studie unter besonderer Berücksichtigung der Gagfah. Staatswiss. Diss. München. München (1934).
238. M. Osterland, Gesellschaftsbilder in Filmen. Eine soziologische Untersuchung des Filmangebots der Jahre 1949 bis 1964. Stuttgart 1970.
239. H. Schettler, Arbeiter und Angestellte im Film. Die Darstellung der sozialen Lage von Arbeitern und Angestellten im deutschen Spielfilm 1918–1939. Bielefeld 1992.
240. R. Spree, Angestellte als Modernisierungsagenten. Indikatoren und Thesen zum reproduktiven Verhalten von Angestellten im späten 19. und frühen 20. Jahrhundert, in: 252: Kocka (Hrsg.), Vergleich, 279–308.
241. A. Triebel, Zwei Klassen und die Vielfalt des Konsums. Haushaltsbudgetierung bei abhängig Erwerbstätigen in Deutschland im ersten Drittel des 20. Jahrhunderts. 2 Bände. Berlin 1991.
242. L. Ungers, Die Suche nach einer neuen Wohnform. Siedlungen der zwanziger Jahre damals und heute. Stuttgart 1983.

8. Internationale Vergleiche, außerdeutsche Angestellte

243. G. Anderson, Angestellte in England 1850–1914, in: 252: Kocka (Hrsg.), Vergleich, 59–73.
244. A. Baryli, Die Geschichte des Dienstrechts der Angestellten in Österreich, in: H. Steindl (Hrsg.), Wege zur Arbeitsrechtsgeschichte. Frankfurt a.M. 1984, 295–368.
245. P. Behringer, Ingenieure und Techniker. Technische Angestellte

in Großbritannien im späten 19. und frühen 20. Jahrhundert, in: 252: KOCKA (Hrsg.), Vergleich, 74–93.

246. DERS., Soziologie und Sozialgeschichte der Privatangestellten in Großbritannien. Frankfurt a.M./Bern/New York 1985.

247. G. BOTZ, Angestellte zwischen Ständegesellschaft, Revolution und Faschismus. Zur Entwicklung des Begriffs und des Organisationsverhaltens von angestellten Mittelschichten in Österreich (1890 bis 1933), in: 252: KOCKA (Hrsg.), Vergleich, 196–239.

248. W. CONZE/J. KOCKA (Hrsg.), Bildungsbürgertum im 19. Jahrhundert. Teil I: Bildungssystem und Professionalisierung in internationalen Vergleichen. Stuttgart 1985.

249. G. CROSSICK, Angestellte: Überlegungen am englischen Beispiel, in: 252: KOCKA (Hrsg.), Vergleich, 94–111.

250. H.-G. HAUPT, Angestellte in der französischen Gesellschaft vor 1914. Einige einführende Bemerkungen, in: 252: KOCKA (Hrsg.), Vergleich, 112–141.

251. H. KAELBLE, Soziale Mobilität und Chancengleichheit im 19. und 20. Jahrhundert. Deutschland im internationalen Vergleich. Göttingen 1983.

252. J. KOCKA (Hrsg.), Angestellte im europäischen Vergleich. Die Herausbildung angestellter Mittelschichten seit dem späten 19. Jahrhundert. Göttingen 1981.

253. DERS., Angestellte zwischen Faschismus und Demokratie. Zur politischen Sozialgeschichte der Angestellten: USA 1890–1914 im internationalen Vergleich. Göttingen 1977.

254. M. KÖNIG, Angestellte am Rande des Bürgertums. Kaufleute und Techniker in Deutschland und in der Schweiz 1860–1930, in: J. KOCKA (Hrsg.), Bürgertum im 19. Jahrhundert. Deutschland im europäischen Vergleich. Band 2. München 1988, 220–251.

255. DERS., Die Angestellten zwischen Bürgertum und Arbeiterbewegung. Soziale Lage und Organisation der kaufmännischen Angestellten in der Schweiz 1914–1920. Zürich 1984.

256. DERS./H. SIEGRIST/R. VETTERLI, Zur Sozialgeschichte der Angestellten in der Schweiz. Arbeitssituation, soziale Lage, Verbände und gesellschaftliches Verhalten, 1880–1940, in: 252: KOCKA (Hrsg.), Vergleich, 169–195.

257. DIES., Warten und Aufrücken. Die Angestellten in der Schweiz 1870–1950. Zürich 1985.

258. M. LUDESCHER, Büromenschen. Angestellte und Dienstleistungsarbeit in Österreich. Eine sozialgeschichtliche Untersuchung. München/Wien 1998.

259. W. MANGOLD, Angestelltengeschichte und Angestelltensoziologie in Deutschland, England und Frankreich. Über den Zusammenhang von sozialpolitischer und sozialwissenschaftlicher Themenfindung und Problemstrukturierung, in: 252: KOCKA (Hrsg.), Vergleich, 11–38.

260. U. NIENHAUS, Weibliche Angestellte in den USA, Frankreich und Großbritannien 1850 bis 1930. Arbeitsmarkt, Arbeitsplatzsituation, soziale Lage, Organisation. Ein Literaturbericht, in: IWK 21, 1985, 330–354.

261. G. OTRUBA, Privatbeamten-, Handlungsgehilfen- und Angestelltenorganisationen. Ihr Beitrag zur Entstehung des österreichischen Angestelltenpensionsversicherungsgesetzes (unter besonderer Berücksichtigung der Diskussion über den Angestelltenbegriff), in: 252: KOCKA (Hrsg.), Vergleich, 240–256.

262. W. PEISSL, Das „bessere“ Proletariat. Angestellte im 20. Jahrhundert. Wien 1994.

263. H. SIEGRIST, Vom Familienbetrieb zum Managerunternehmen. Angestellte und industrielle Organisation am Beispiel der Georg Fischer AG in Schaffhausen 1797–1930. Göttingen 1981.

264. DERS., Pioniere der Sozialpartnerschaft. Geschichte der Angestellten-Hausverbände in der schweizerischen Maschinenindustrie. Zürich 1985.

265. R. SOBEL, The white collar working class. From structure to politics. New York etc. 1989.

266. M. SPÄTH, Der Ingenieur als Bürger. Frankreich, Deutschland und Rußland im Vergleich, in: H. SIEGRIST (Hrsg.), Bürgerliche Berufe. Zur Sozialgeschichte der freien und akademischen Berufe im internationalen Vergleich. Göttingen 1988, 84–105.

267. DERS., Die Professionalisierung von Ingenieuren in Deutschland und Rußland 1800–1914, in: 248: CONZE/KOCKA (Hrsg.), Bildungsbürgertum, 561–588.

268. H. TRISCHLER, Sozialgeschichte der Angestellten in der Schweiz. Sammelbesprechung, in: AfS XXVII, 1987, 572–583.

9. *Weitere Themen*

269. C. BERG U.A. (Hrsg.), Handbuch der deutschen Bildungsgeschichte. 6 Bände. München 1987–1998.

270. C. CONRAD, Vom Greis zum Rentner. Der Strukturwandel des Alters in Deutschland zwischen 1830 und 1930. Göttingen 1994.

271. H. HARTMANN, Der deutsche Unternehmer: Autorität und Organisation. Frankfurt a.M. 1968 (zuerst: Authority and Organization in German Management. Princeton N.J. 1959).
272. J. KOCKA, Klassengesellschaft im Krieg. Deutsche Sozialgeschichte 1914–1918. 2. Aufl. Göttingen 1978.
273. G. A. RITTER, Soziale Sicherheit in Deutschland und Großbritannien von der Mitte des 19. Jahrhunderts bis zum Ersten Weltkrieg. Ein Vergleich, in: GG 13, 1987, 137–156.
274. DERS./K. TENFELDE, Arbeiter im Deutschen Kaiserreich 1871 bis 1914. Bonn 1992.
275. D. RÜSCHEMEYER, Professionalisierung. Theoretische Probleme für die vergleichende Geschichtsforschung, in: GG 6, 1980, 311–325.
276. W. RUPPERT (Hrsg.), Lebensgeschichten. Zur deutschen Sozialgeschichte 1850–1950. Opladen 1980.
277. R. SIEDER, Sozialgeschichte der Familie. Frankfurt a.M. 1987.
278. W. SOMBART, Die deutsche Volkswirtschaft im neunzehnten Jahrhundert und im Anfang des 20. Jahrhunderts. Eine Einführung in die Nationalökonomie. 7. Aufl. Berlin 1927.
279. M. WEBER, Wirtschaft und Gesellschaft. 5. Aufl. Tübingen 1985.
280. H. U. WEHLER, Modernisierungstheorie und Geschichte. Göttingen 1975.

Abkürzungen

ADGB	Allgemeiner Deutscher Gewerkschaftsbund
AfA-Bund	Allgemeiner freier Angestellten-Bund
AVG	Angestelltenversicherungsgesetz
BfA	Bundesversicherungsanstalt für Angestellte
Butab	Bund der technischen Angestellten und Beamten
Butib	Bund der technisch-industriellen Beamten
DAF	Deutsche Arbeitsfront
DAG	Deutsche Angestellten-Gewerkschaft
DGB	Deutscher Gewerkschaftsbund
DHV	Deutschnationaler Handlungsgehilfen-Verband
Dinta	Deutsches Institut für technische Arbeitsschulung
DPG	Deutsche Postgewerkschaft
DWV	Deutscher Werkmeister-Verband
F & G	Felten & Guilleaume
GAGFA	Gemeinnützige Aktiengesellschaft für Angestellte
GAGFAH	Gemeinnützige Aktien-Gesellschaft für Angestellten-Heimstätten
GDA	Gewerkschaftsbund der Angestellten
GdED	Gewerkschaft der Eisenbahner Deutschlands
Gedag	Gesamtverband deutscher Angestelltengewerkschaften
GEW	Gewerkschaft Erziehung und Wissenschaft
HBV	Handel, Banken und Versicherungen
HGB	Handelsgesetzbuch
IAVG	Invaliditäts- und Altersversicherungsgesetz
IG	Industriegewerkschaft
ÖTV	Öffentliche Dienste, Transport und Verkehr
RDA	Reichsbund Deutscher Angestellten-Berufsverbände
RfA	Reichsversicherungsanstalt für Angestellte
RVO	Reichsversicherungsordnung
S & H	Siemens und Halske
VDH	Verband Deutscher Handlungsgehilfen
VDI	Verein Deutscher Ingenieure
Vela	Vereinigung der leitenden Angestellten
Ver.di	Vereinigte Dienstleistungsgewerkschaft

VWA	Verband der weiblichen Handels- und Büroangestellten [wechselnde Bezeichnungen]
ZdA	Zentralverband der Angestellten
ZdH	Zentralverband der Handlungsgehilfen und Handlungsgehilfinnen Deutschlands

Register

Personenregister

Sachregister

Enzyklopädie deutscher Geschichte
Themen und Autoren

Mittelalter

Demographie des Mittelalters (Neithard Bulst) **Agrarwirtschaft, Agrarverfassung und ländliche Gesellschaft im Mittelalter (Werner Rösener) 1992. EdG 13** Adel, Rittertum und Ministerialität im Mittelalter (Werner Hechberger) Die Stadt im Mittelalter (Michael Matheus) Armut im Mittelalter (Otto Gerhard Oexle) **Die Juden im mittelalterlichen Reich (Michael Toch) 1998. EdG 44**	Gesellschaft
Wirtschaftlicher Wandel und Wirtschaftspolitik im Mittelalter (Ludolf Kuchenbuch)	Wirtschaft
Wissen als soziales System im Frühen und Hochmittelalter (Johannes Fried) Die geistige Kultur im späteren Mittelalter (Johannes Helmrath) **Die ritterlich-höfische Kultur des Mittelalters (Werner Paravicini) 1994. EdG 32** Die materielle Kultur des Mittelalters (N. N.)	Kultur, Alltag, Mentalitäten
Die mittelalterliche Kirche (Michael Borgolte) 1992. EdG 17 Religiöse Bewegungen im Mittelalter (Matthias Werner) Formen der Frömmigkeit im Mittelalter (Arnold Angenendt)	Religion und Kirche
Die Germanen (Walter Pohl) 2000. EDG 57 Die Slawen in der deutschen Geschichte des Mittelalters (N. N.) **Das römische Erbe und das Merowingerreich (Reinhold Kaiser) 2. Aufl. 1997. EdG 26** Das Karolingerreich (Bernd Schneidmüller) **Die Entstehung des Deutschen Reiches (Joachim Ehlers) 2. Aufl. 1998. EdG 31** **Königtum und Königsherrschaft im 10. und 11. Jahrhundert (Egon Boshof) 2. Aufl. 1997. EdG 27** **Der Investiturstreit (Wilfried Hartmann) 2. Aufl. 1996. EdG 21** **König und Fürsten, Kaiser und Papst nach dem Wormser Konkordat (Bernhard Schimmelpfennig) 1996. EdG 37** **Deutschland und seine Nachbarn 1200–1500 (Dieter Berg) 1996. EdG 40** Die kirchliche Krise des Spätmittelalters (Heribert Müller) **König, Reich und Reichsreform im Spätmittelalter (Karl-Friedrich Krieger) 1992. EdG 14** **Fürstliche Herrschaft und Territorien im späten Mittelalter (Ernst Schubert) 1996. EdG 35**	Politik, Staat, Verfassung

Frühe Neuzeit

Bevölkerungsgeschichte und historische Demographie 1500–1800 (Christian Pfister) 1994. EdG 28 **Bauern zwischen Bauernkrieg und Dreißigjährigem Krieg (André Holenstein) 1996. EdG 38**	Gesellschaft

Bauern 1648–1806 (Werner Troßbach) 1992. EdG 19
Adel in der Frühen Neuzeit (Rudolf Endres) 1993. EdG 18
Der Fürstenhof in der Frühen Neuzeit (Rainer A. Müller) 1995. EdG 33
Die Stadt in der Frühen Neuzeit (Heinz Schilling) 1993. EdG 24
Armut, Unterschichten, Randgruppen in der Frühen Neuzeit (Wolfgang von Hippel) 1995. EdG 34
Unruhen in der ständischen Gesellschaft 1300–1800 (Peter Blickle) 1988. EdG 1
Frauen- und Geschlechtergeschichte 1500–1800 (Heide Wunder)
Geschichte des Judentums vom 16. bis zum Ende des 18. Jahrhunderts (Friedrich Battenberg)
Militärgeschichte des späten Mittelalters und der Frühen Neuzeit (Bernhard Kroener)

Wirtschaft

Die deutsche Wirtschaft im 16. Jahrhundert (Franz Mathis) 1992. EdG 11
Die Entwicklung der Wirtschaft im Zeitalter des Merkantilismus 1620–1800 (Rainer Gömmel) 1998. EdG 46
Landwirtschaft in der Frühen Neuzeit (Walter Achilles) 1991. EdG 10
Gewerbe in der Frühen Neuzeit (Wilfried Reininghaus) 1990. EdG 3
Kommunikation, Handel, Geld und Banken in der Frühen Neuzeit (Michael North) 2000. EdG 59

Kultur, Alltag, Mentalitäten

Medien in der Frühen Neuzeit (Stephan Füssel)
Bildung und Wissenschaft im 15. und 16. Jahrhundert (Notker Hammerstein)
Bildung und Wissenschaft in der Frühen Neuzeit 1650–1800 (Anton Schindling) 2. Aufl. 1999. EdG 30
Die Aufklärung (Winfried Müller)
Lebenswelt und Kultur des Bürgertums in der Frühen Neuzeit (Bernd Roeck) 1991. EdG 9
Kultur und Mentalitäten der unterbürgerlichen Schichten in der Frühen Neuzeit (Robert von Friedeburg)
Umweltgeschichte Frühe Neuzeit (N.N.)

Religion und Kirche

Die Reformation. Voraussetzungen und Durchsetzung (Olaf Mörke)
Konfessionalisierung im 16. Jahrhundert (Heinrich Richard Schmidt) 1992. EdG 12
Kirche, Staat und Gesellschaft im 17. und 18. Jahrhundert (Michael Maurer) 1999. EdG 51
Religiöse Bewegungen in der Frühen Neuzeit (Hans-Jürgen Goertz) 1993. EdG 20

Politik, Staat und Verfassung

Das Reich in der Frühen Neuzeit (Helmut Neuhaus) 1997. EdG 42
Landesherrschaft, Territorien und Staat in der Frühen Neuzeit (Joachim Bahlcke)
Die Entwicklung der landständischen Verfassung (Kersten Krüger)
Vom aufgeklärten Reformstaat zum bürokratischen Staatsabsolutismus (Walter Demel) 1993. EdG 23

Staatensystem, internationale Beziehungen

Das Reich im Kampf um die Hegemonie in Europa 1521–1648 (Alfred Kohler) 1990. EdG 6
Altes Reich und europäische Staatenwelt 1648–1806 (Heinz Duchhardt) 1990. EdG 4

19. und 20. Jahrhundert

Gesellschaft

Demographie des 19. und 20. Jahrhunderts (Josef Ehmer)
Umweltgeschichte des 19. und 20. Jahrhunderts (Arne Andersen)
Adel im 19. und 20. Jahrhundert (Heinz Reif) 1999. EdG 55
Geschichte der Familie im 19. und 20. Jahrhundert (Andreas Gestrich) 1998. EdG 50
Urbanisierung im 19. und 20. Jahrhundert (Klaus Tenfelde)
Soziale Schichtung, soziale Mobilität und sozialer Protest im 19. und 20. Jahrhundert (N.N.)
Von der ständischen zur bürgerlichen Gesellschaft (Lothar Gall) 1993. EdG 25
Die Angestellten seit dem 19. Jahrhundert (Günter Schulz) 2000. EdG 54
Die Arbeiterschaft im 19. und 20. Jahrhundert (Gerhard Schildt) 1996. EdG 36
Die Juden in Deutschland 1780–1918 (Shulamit Volkov) 2. Aufl. 2000. EdG 16
Die Juden in Deutschland 1914–1945 (Moshe Zimmermann) 1997. EdG 43
Militärgeschichte des 19. und 20. Jahrhunderts (Ralf Pröve)

Wirtschaft

Die Industrielle Revolution in Deutschland (Hans-Werner Hahn) 1998. EdG 49
Die deutsche Wirtschaft im 20. Jahrhundert (Wilfried Feldenkirchen) 1998. EdG 47
Agrarwirtschaft und ländliche Gesellschaft im 19. Jahrhundert (Stefan Brakensiek)
Agrarwirtschaft und ländliche Gesellschaft im 20. Jahrhundert (Ulrich Kluge)
Gewerbe und Industrie im 19. und 20. Jahrhundert (Toni Pierenkemper) 1994. EdG 29
Handel und Verkehr im 19. Jahrhundert (Karl Heinrich Kaufhold)
Handel und Verkehr im 20. Jahrhundert (Christopher Kopper)
Banken und Versicherungen im 19. und 20. Jahrhundert (Eckhard Wandel) 1998. EdG 45
Staat und Wirtschaft im 19. Jahrhundert (bis 1914) (Rudolf Boch)
Staat und Wirtschaft im 20. Jahrhundert (Gerold Ambrosius) 1990. EdG 7

Kultur, Alltag und Mentalitäten

Kultur, Bildung und Wissenschaft im 19. Jahrhundert (N.N.)
Kultur, Bildung und Wissenschaft im 20. Jahrhundert (Frank-Lothar Kroll)
Lebenswelt und Kultur des Bürgertums im 19. und 20. Jahrhundert (Andreas Schulz)
Lebenswelt und Kultur der unterbürgerlichen Schichten im 19. und 20. Jahrhundert (Wolfgang Kaschuba) 1990. EdG 5

Religion und Kirche

Formen der Frömmigkeit in einer säkularisierten Gesellschaft (Karl Egon Lönne)
Kirche, Politik und Gesellschaft im 19. Jahrhundert (Gerhard Besier) 1998. EdG 48
Kirche, Politik und Gesellschaft im 20. Jahrhundert (Gerhard Besier) 2000. EdG 56

Politik, Staat, Verfassung

Der Deutsche Bund und das politische System der Restauration 1815–1866 (N.N.)
Verfassungsstaat und Nationsbildung 1815–1871 (Elisabeth Fehrenbach) 1992. EdG 22
Politik im deutschen Kaiserreich (Hans-Peter Ullmann) 1999. EdG 52
Die innere Entwicklung der Weimarer Republik (Andreas Wirsching) 2000. EdG 58

Nationalsozialistische Herrschaft (Ulrich von Hehl) 1996. EdG 39
Die Bundesrepublik Deutschland. Verfassung, Parlament und Parteien (Adolf M. Birke) 1996. EdG 41
Die Sozialgeschichte der Bundesrepublik Deutschland (Arnold Sywottek)
Die Innenpolitik der Deutschen Demokratischen Republik (Günther Heydemann)

Staatensystem, internationale Beziehungen

Die deutsche Frage und das europäische Staatensystem 1815–1871 (Anselm Doering-Manteuffel) 1993. EdG 15
Deutsche Außenpolitik 1871–1918 (Klaus Hildebrand) 2. Aufl. 1994. EdG 2
Die Außenpolitik der Weimarer Republik (Gottfried Niedhart) 1999. EdG 53
Die Außenpolitik des Dritten Reiches (Marie-Luise Recker) 1990. EdG 8
Die Außenpolitik der Bundesrepublik Deutschland (Hermann Graml)
Die Außenpolitik der Deutschen Demokratischen Republik (Joachim Scholtyseck)

Hervorgehobene Titel sind bereits erschienen.

Stand: (Oktober 1999)